BIBLIOTHÈQUE AUBANEL FRÈRES

Paul COMBES

Les Quatre Livres de la Femme

III

Le Livre de la Mère

5me édition

AVIGNON
LIBRAIRIE AUBANEL FRÈRES, ÉDITEURS
IMPRIMEURS DE N. S. P. LE PAPE

LE LIVRE DE LA MÈRE

LE LIVRE DE LA MÈRE

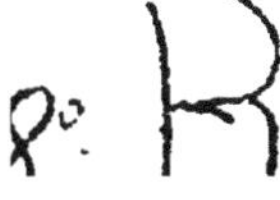

BIBLIOTHÈQUE AUBANEL FRÈRES

PAUL COMBES

LES QUATRE LIVRES DE LA FEMME

1. — Le Livre de l'Épouse.
5e édition, revue

2. — Le Livre de la Maîtresse de Maison.

3. — Le Livre de la Mère.

SOUS PRESSE :

4. — Le Livre de l'Éducatrice.

Du même Auteur :

LE PROBLÈME DU BONHEUR

Dans la même Bibliothèque :

JOEL DE LYRIS

LE CHOIX D'UNE BIBLIOTHÈQUE

LE GOUT EN LITTÉRATURE

MGR ANTONIN LÓPEZ PELAEZ

LES RAVAGES DU LIVRE

Chacun de ces ouvrages forme un beau volume in-8o couronne

Broché.	3 fr.
Demi-reliure amateur.	4 fr.

BIBLIOTHÈQUE AUBANEL FRÈRES

Paul COMBES

Les Quatre Livres de la Femme

III

Le Livre de la Mère

AVIGNON
LIBRAIRIE AUBANEL FRÈRES, ÉDITEURS
IMPRIMEURS DE N. S. P. LE PAPE

PRÉFACE & PLAN GÉNÉRAL

DES

Quatre Livres de la Femme

La femme possède, dans la famille et dans la société, — naturellement et par la force même des choses, — une influence dont les conséquences sont considérables. De tous temps, les théologiens, les philosophes, les moralistes, les écrivains, — tant prosateurs que poètes, — ont eu conscience de ce rôle important de la femme, et, par suite, de la nécessité de préparer à ce rôle la compagne de l'homme, de l'aider à le remplir.

A cette préoccupation légitime est due toute une littérature, très abondante, très complexe, assez inégale, renfermant quelques bons livres clairsemés dans un amas de productions sans valeur.

La plupart des « conseillers de la femme » ont fait fausse route, parce qu'ils s'adressent à un être idéal, qui n'a aucune existence dans la réalité. Presque tous sont tombés dans ce travers si fréquent chez les moralistes philosophes, qui consiste à considérer la femme « en soi », dépouillée de tous les attributs de la vie. La femme qu'ils ont en vue ne ressemble à aucune de celles que nous connaissons : elle n'est pas pétrie de la même argile, et ne descend certainement pas de notre mère Ève.

Aussi lorsque leurs livres tombent sous les yeux des épouses, des mères, — de femmes, en un mot, existantes et agissantes, — celles-ci, invariablement, à la fin de leur lecture, repoussent le volume, en pensant :

— Cela n'est pas écrit pour moi !

C'est que la valeur d'un livre est proportionnelle à l'exactitude, à la claire évidence, avec lesquelles ce livre représente les réalités concrètes de l'existence. La mesure de son influence, c'est l'impression qu'il produit sur les esprits, c'est la façon dont il développe, en chacun de ceux qui le lisent, — ainsi que l'avait déjà remarqué Ballanche, — « ce qui est déjà en eux plus ou moins obscurément. »

Car il est bien vrai que l'on ne trouve dans les livres que ce que l'on a déjà dans l'esprit et dans le cœur, et que toute phrase est une voix morte, si elle n'éveille pas un écho dans l'âme du lecteur.

En réalité, — *on n'écrit pas pour les femmes,* lorsqu'on fait abstraction de leurs particularités individuelles ; — lorsqu'on s'adresse à un type de fantaisie, créé de toutes pièces, en vertu d'une conception purement philosophique.

On écrit vraiment pour les femmes, lorsqu'on les considère telles qu'elles sont, avec leurs qualités et leurs défauts ; — lorsqu'on leur parle un langage qu'elles soient aptes non-seulement à *comprendre*, mais aussi et surtout à *sentir*.

Les femmes ont une sensibilité exquise, et c'est par le chemin de leur sensibilité que l'on arrive le plus sûrement à toucher leur esprit.

Il importe, avant toute autre chose, de gagner leur *confiance* ; celle-ci agira plus fort que cent bonnes raisons pour conquérir leur *conviction*.

Or, les femmes se défient, — ont-elles tout à fait tort ? — des conseils qui leurs sont donnés dans les livres, surtout en ce qui touche à leurs sentiments les plus intimes d'épouses et de mères : elles les considèrent, ou comme inapplicables à leur situation particulière, ou comme intéressés, et il est bien certain que cette opinion défavorable n'est que trop souvent justifiée par les ouvrages qu'on leur a consacrés.

Et, cependant, elles sentent bien qu'elles ont besoin, — en dehors des enseignements de la religion et de la direction spirituelle de leur âme, — d'un guide sûr, d'un conseiller à la fois clairvoyant et sincère, pour les mille circonstances de la vie pratique de chaque jour.

Mais comment se procurer ce guide si utile, ce conseiller si précieux ? Les livres qu'elles ont lus ne leur ont donné que des désillusions, parce qu'elles n'y trouvent pas justement ce dont elles ont le plus besoin. Ces livres ont été écrits *pour la femme en général,* mais non *pour chacune des femmes en particulier ;* ils renferment d'excellentes choses pour des occasions qui ne se présenteront peut-être jamais, mais rien de ce qui serait utile dans l'existence quotidienne.

Constatation étrange : les plus vides de ces livres sont ceux qui ont été écrits par des femmes. Aucune d'elles n'a voulu révéler ce qu'elle éprouvait et ce qu'elle pensait réellement.

C'est *Le Guide et le Conseiller de la Femme Mariée,* — ce manuel indispensable qui n'existe pas encore, du moins tel que nous le concevons

et que nous venons d'en ébaucher l'esquisse, — que nous avons entrepris d'écrire sous ce titre : *Les Quatre Livres de la Femme,* parce que nous répartirons en quatre volumes les divers ordres de considérations qui intéressent la femme mariée, dans son quadruple rôle d'*épouse*, de *maîtresse de maison*, de *mère*, et d'*éducatrice*.

Comment justifierons-nous cette entreprise ? Tout simplement en publiant le plan détaillé de ces quatre « Livres ».

Par l'examen de ce plan, les femmes auxquelles ces « Livres » sont destinés s'apercevront aisément qu'elles y trouveront *tout ce qu'elles ont vainement cherché ailleurs*, et qu'elles peuvent les lire *avec pleine confiance,* parce qu'ils ne s'adressent pas à un fantôme féminin sans consistance réelle....

Ils ont bien été écrits pour elles !

I. — Le Livre de l'Épouse.

Cinquième édition, revue.

Introduction. — La principale préoccupation de la femme, considérée uniquement en tant qu'épouse, c'est-à-dire comme compagne de l'homme, doit être : d'aimer son mari ; — de le rendre heureux ; — de s'en faire aimer, — et de trouver là son propre bonheur. Ce livre est le développement de cette thèse et l'exposé des moyens propres à en réaliser l'objet.

Chapitre premier. — *L'épouse doit connaître son mari,* — afin de mettre son propre caractère à l'unisson du sien. — Pour cela, elle doit l'étudier, avec une sollicitude affectueuse, sinon avant, du moins après son mariage. Elle doit *apprendre* à lire dans ses manières, dans son maintien, dans ses regards, de façon à deviner toutes ses pensées, ainsi que ses joies et ses peines.

Chapitre ii. — *Comment l'épouse doit aimer son mari :* — Comme le compagnon de sa vie entière, comme un ami qui doit lui tenir lieu de tout. L'affection conjugale est une sorte de *condensation* de toutes les autres affections.

Chapitre iii. — *Comment l'épouse rend son mari heureux :* — en lui procurant des joies, en lui évitant des peines, en partageant ses joies et ses peines.

Chapitre iv. — *Comment l'épouse se fait aimer de son mari.* — Rôle des charmes physiques et de la coquetterie dans l'affection conjugale.

II. — Le Livre de la Maîtresse de Maison.

Introduction. — Nous ne referons pas ici un simple « Manuel d'Économie Domestique » : ce sujet a été traité, avec plus ou moins de succès, dans de nombreux ouvrages, et notre but n'est pas d'aborder les détails minutieux qu'exigerait une étude complète de la matière. — Nous avons en vue un objet beaucoup plus *essentiel*, savoir : l'exposition des grandes règles directrices de l'organisation rationnelle du foyer domestique, non seulement au point de vue matériel, mais aussi, et surtout, au point de vue intellectuel, moral, esthétique, éducatif, etc. — Vue d'ensemble de la multiplicité des attributions qui incombent à la maîtresse de maison soucieuse de faire *tout* son devoir.

PREMIÈRE PARTIE

Organisation Morale du Foyer Domestique.

Chapitre Premier. — *Importance d'une organisation morale du foyer domestique.* — Il faut une règle de vie. — Inconvénients de l'absence de régime régulier. — Répartition du Temps.

Chapitre II. — *Le foyer domestique, centre d'attraction irrésistible pour tous les membres de la famille.* — Attraction matérielle, morale, intellectuelle, esthétique. — Le « home » confortable et charmeur. — Le véritable « art de la femme », c'est l'esthétique domestique.

CHAPITRE III. — *Les relations extérieures.* — Parenté, amitié, politesse, affaires. — Bonnes œuvres.

CHAPITRE IV. — *Organisation de l'éducation*, — soit dans la famille, soit à l'extérieur.

CHAPITRE V. — *Rôles éventuels que la maîtresse de maison peut être appelée à remplir.*

DEUXIÈME PARTIE

Organisation Matérielle du Foyer Domestique.

CHAPITRE PREMIER. — *Problème général de l'organisation du foyer domestique.* — Proportionnalité entre les dépenses du ménage et les ressources dont il dispose ; établissement et répartition du budget domestique entre les divers besoins à satisfaire, de façon à laisser une marge plus ou moins importante pour l'épargne et pour la constitution d'une réserve.

CHAPITRE II. — *Conditions d'une bonne administration domestique.* — Esprit d'ordre et d'économie. — Comptabilité domestique. — Utilité des soins d'entretien. — Importance des petites économies. — Inconvénients des menues dépenses.

CHAPITRE III. — *Choix et agencement de l'habitation et du mobilier*, — au point de vue de l'économie, de l'agrément et de l'hygiène

III. — Le Livre de la Mère.

Introduction. — *Grandeur, Joies, Douleurs, Devoirs de la maternité. — Justification de l'Objet et du Plan du « Livre de la mère ».*

Chapitre premier. — *Préparation à la maternité.* — Nécessité, pour la femme, de se préparer, à l'avance, à bien remplir les diverses obligations de la maternité.

Chapitre II. — *Comment la mère doit aimer ses enfants.* — Mères égoïstes, qui n'aiment leurs enfants que pour elles-mêmes. — Mères aveugles, qui ne savent pas aimer leurs enfants. — Il faut aimer les enfants pour eux-mêmes et toujours en vue de leur avenir.

Chapitre III. — *Obligations matérielles de la mère.* — Le développement physique et la santé de l'enfant. — Il faut s'attacher tout d'abord (même en considération du bon développement futur de l'âme), à faire de l'enfant, au point de vue physique, « un bon animal ».

Chapitre IV. — *Obligations intellectuelles de la mère.* — Développement de l'activité, des sens, et de l'intelligence de l'enfant.

Chapitre V. — *Obligations morales de la mère.* — L'enfant sera, durant toute sa vie, ce que l'aura fait sa mère.

Chapitre VI. — *Discipline morale de la mère et de l'enfant.* — Les mères doivent s'astreindre et astreindre leurs enfants à la même discipline morale. — Influence de l'exemple.

IV. — Le Livre de l'Éducatrice.

Introduction. — Le *Livre de l'Éducatrice* ne fait pas double emploi avec le *Livre de la Mère*, — pas plus que le *Livre de la Maîtresse de Maison* ne fait double emploi avec le *Livre de l'Épouse*. — Le *Livre de l'Épouse* et le *Livre de la Mère*, ont surtout pour objet la forme *affective* intime du rôle de l'épouse et de la mère, — tandis que les deux autres traitent directement de leur rôle positif, agissant, pratique, — de l'*extériorisation de leur affection*.

Chapitre premier. — *Débuts de l'éducation maternelle*. — Le rôle de l'éducatrice commence dès que l'enfant est né. — Il importe, dès le début, de lui donner de « bonnes habitudes », qui lui fassent une « seconde nature. »

Chapitre II. — *Premières notions de l'effort*. — *L'effort*, nécessité de toute la vie, est la première chose à laquelle la mère doive habituer l'enfant. — Les premiers mots : importance d'une bonne prononciation. — La discipline de la nature ; la discipline des choses.

Chapitre III. — *Les questions de l'enfant*. — L'éducatrice joue et converse avec l'enfant. — Elle ne doit laisser sans réponse aucune de ses questions. — Comment elle doit répondre.

CHAPITRE IV. — *Dessiner, écrire, lire.* — L'histoire de l'humanité et la logique démontrent que l'enfant doit d'abord apprendre à *dessiner*, puis à *écrire* et à *lire* en même temps. — Les meilleures méthodes de dessin, d'écriture et de lecture. — Ce que l'enfant doit dessiner, écrire et lire.

CHAPITRE V. — *L'éducation familiale.* — La famille est le milieu naturel de l'éducation, mais on ne peut pas toujours s'y renfermer. — Comment se départagent l'éducation familiale et l'éducation extra-familiale.

CHAPITRE VI. — *L'éducation extra-familiale.* — Le rôle de la mère éducatrice n'est nullement diminué par l'éducation que l'enfant peut recevoir en dehors de la famille. Il doit même rester dominant.

CHAPITRE VII. — *L'éducation des grands enfants avant leur entrée dans la vie.* — Contrôle que doit conserver l'éducatrice sur tous les actes de la vie de ses grands enfants. Comment il s'exerce. But auquel il doit tendre. Comment l'éducatrice prépare ses enfants à entrer dans la vie.

CHAPITRE VIII. — *L'éducation des enfants après leur entrée dans la vie.* — La mère continue à guider ses enfants à travers la vie.

CHAPITRE IX. — *La mère reste toujours éducatrice.* — Son rôle jusqu'à ses derniers moments.

CHAPITRE X. — *La femme, éducatrice sociale.* — Le rôle éducateur de la femme trouve à s'exercer partout, soit dans la famille, soit en dehors de la famille.

Conclusion. — Le rôle d'éducatrice est l'un des plus importants de ceux qui incombent à la femme. — S'il donne à la femme moins de satisfactions intimes que les rôles d'épouse et de mère, il lui donne, en revanche, plus de grandeur, — un bonheur d'un ordre plus élevé, atteignant les hautes sphères du dévouement et du sacrifice.

LE LIVRE DE LA MÈRE

INTRODUCTION

§ I.

Grandeur, Joies, Douleurs, Devoirs de la Maternité.

Lorsque la première des mères, Ève, eut son premier fils, elle s'écria :

— J'ai possédé un homme par Dieu !

Ce qui, dans le bref et expressif langage biblique, signifie :

— Dieu m'a donné la faculté de transmettre ma propre vie, ma chair et mon sang, à un homme qui est tout de moi, qui est mon bien.

Cette parole est à rapprocher de celle de la Vierge Marie, dans le *Magnificat* :

— *Fecit mihi magna qui potens est !* « Celui qui est puissant a fait, par moi, de grandes choses ! »

Dans les deux cas, il s'agit de la glorification, — par l'Écriture Sainte, — de la maternité, qui est comme une sorte de puissance créatrice de la femme.

Par la maternité, en effet, on peut presque dire que toute femme collabore à l'œuvre de la création, de même que la Vierge Marie, par sa maternité divine, collabora, dans une certaine mesure, à l'œuvre de la Rédemption.

Par la maternité, s'accomplit l'ordre providentiel qui achemine toute la nature vivante vers la perpétuation de la vie.

Par la maternité, s'opère la transmission ininterrompue, d'être en être, de la flamme vitale, — transmission que le vieux poète latin Lucrèce comparait déjà à celle des coureurs du cirque, qui devaient se passer de main en main une torche sans l'éteindre :

Et, quasi cursores, vitaï lampada tradunt.

« Et, comme les coureurs, les vivants se transmettent le flambeau de la vie. »

C'est de la maternité, comme nous l'avons déjà dit dans le *Livre de l'Épouse,* que l'union indissoluble de l'homme et de la femme dans le mariage, reçoit sa consécration absolue, car c'est dans l'enfant que le père et la mère ne font réellement qu'un, par la fusion des deux vies en une seule vie.

Et combien serait amoindri le rôle de la femme dans le mariage s'il n'avait pas, comme couronnement, la maternité !

Compagne de l'homme! c'est un beau rôle... Mère de l'homme! c'est un rôle sublime.

Cela a été compris partout et de tout temps, chez les peuples les plus sauvages, comme dans les civilisations les plus avancées (nous disons *avancées* dans le bon sens du mot, et non *décrépites*).

Partout et toujours, la mère bénéficie d'une vénération, d'hommages, dont l'histoire, les législations, les lettres, la poésie, les arts, nous apportent les immenses témoignages. Toute l'humanité, depuis son origine, chante un hymne sans fin à la maternité!

Les Américains des États-Unis, qui ne sont pas seulement des gens de sens pratique, mais aussi des gens de cœur, ont inscrit, dans leur calendrier national, une fête nouvelle : *La Fête des Mères !* (Mother's Day).

Par un beau jour de printemps, — qui est l'été pour certaines parties de l'Union Américaine, — tous les citoyens et citoyennes des États-Unis se fleurissent la boutonnière ou le corsage d'un œillet blanc, en l'honneur de « la meilleure femme du monde, leur mère ! »

Aussitôt proposée, l'idée de cette manifestation de piété filiale a été adoptée d'enthousiasme d'un bout à l'autre du pays.

Il est regrettable que nous n'ayons pas eu les premiers cette idée, mais il y aurait encore quelque gloire à nous en emparer, à la faire nôtre.

*
* *

Dieu a donné à la mère tout ce qui lui est indispensable pour être à la hauteur de son rôle sublime.

« Le cœur d'une mère, disait Grétry, est le chef d'œuvre de la nature. »

En effet, le cœur de la mère est un abîme insondable de tendresse, de dévouement, de sacrifice.

L'amour maternel est la plus haute expression que, — dans l'ordre naturel, — ait jamais revêtue une affection humaine.

Or, comme l'amour est une source inépuisable de joies et de peines, qui s'accroissent en raison de l'intensité de ce sentiment, rien n'égale les joies de l'amour maternel, rien n'égale ses douleurs.

Rien n'égale ses joies, car il se suffit à lui-même. Que lui importe d'être payé de retour ? D'ailleurs, l'enfant encore inconscient peut-il même savoir combien il est aimé ? Eh bien ! au petit être qui l'ignore, l'amour maternel se donne, se prodigue, et plus il se donne, plus la mère sent croître son amour, plus elle se sent heureuse.

Mais aussi, quel abîme insondable de souffrance s'ouvre dans le cœur de la mère, lorsque l'objet de son amour éprouve la moindre peine, à plus forte raison lorsque les cruautés de la vie et de la destinée s'abattent sur lui plus ou moins rudement.

La Sainte Mère qui a le plus aimé est aussi celle qui a le plus souffert.

Le *Stabat mater* est le cri le plus déchirant que jamais l'amour maternel ait jeté sur la terre !

*
* *

Mais, qu'on y prenne garde !

La vie de la mère n'est pas seulement faite de gloire maternelle, de joies et de douleurs.

Elle est surtout faite de devoirs !

Donner la vie, — « posséder une créature humaine par Dieu, » comme le disait Ève, — ce n'est pas seulement mettre au monde un enfant.

Cet enfant, il faut *l'élever*, en prenant cette expression dans son sens le plus large.

Il faut *l'élever physiquement*, pour en faire un être sain, vigoureux, capable de remplir avec énergie une longue carrière vitale.

Il faut *l'élever vers la vérité*, en emplissant son intelligence de toutes les lumineuses clartés qui dissipent l'erreur et soumettent la conduite à la raison et au bon sens.

Il faut *l'élever vers la vertu*, par la leçon et surtout par l'exemple, et lui former un caractère qui n'hésite jamais, toutes les fois qu'il aura à choisir entre le bien et le mal.

Il faut *l'elever vers Dieu*, en imprégnant sa vie, dès l'âge le plus tendre, de l'atmosphère de la Divinité, véritable flambeau de sa triple éducation physique, intellectuelle et morale.

Ce n'est qu'à ce prix que la mère pourra se louer d'avoir « possédé une créature humaine par Dieu. »

« Le mérite de la femme, écrivait Joseph de Maistre à sa fille, est de régler sa maison, de rendre son mari heureux, de le consoler, de l'encourager, et d'élever ses enfants, c'est-à-dire de *faire des hommes ;* voilà le grand accouchement, qui n'a pas été maudit comme l'autre. »

Le Livre de la Mère, — le troisième des *Quatre Livres de la Femme*, — n'a pas d'autre objet que de développer cette thèse.

Notre but est d'exposer — d'après les préceptes du bon sens et de la vie pratique, que nous avons toujours pris pour guides, — les principes et les règles dont doivent s'inspirer les mères pour faire de leurs garçons et de leurs filles, — comme c'est leur devoir, en même temps que leur désir maternel, — des hommes et des femmes capables d'accomplir, selon la volonté de Dieu, leur destinée terrestre, dans les meilleures conditions possibles de prospérité et de bonheur, — en vue de mériter la récompense promise à ceux qui auront vécu en conformité de cette Volonté.

§ II.

Justification de l'Objet et du Plan du « Livre de la Mère. »

N'y a-t-il pas quelque présomption à vouloir apprendre aux mères quels sont les devoirs de la maternité, et comment elles doivent les accomplir ?

Certes, si les mères vivaient, avec leurs enfants, dans le monde idéal où les entrevoient les philosophes et les poètes, nous n'aurions rien à leur apprendre sur les obligations maternelles, car les trésors inépuisables de leur tendresse pourraient s'épancher, sans règles et sans contrainte, et quelles que fussent leurs inspirations, elles seraient toujours bonnes, puisqu'elles n'auraient aucune fâcheuse conséquence.

Mais il n'en est pas ainsi. Les mères et les enfants *vivent la vie*. Or, la vie est le domaine de l'expérience, et, dans le domaine de l'expérience, les mères ont beaucoup à apprendre.

Elles ont d'autant plus à apprendre qu'elles ont moins appris, qu'elles ont été moins préparées, à l'avance, à bien remplir les diverses obligations de la maternité. Car cet apprentissage est absolument nécessaire.

On n'a pas la science de la mère par simple intuition, — car il faut vivre dans la réalité, et, dans la réalité, pour bien savoir toutes choses, il faut les apprendre.

Le cœur peut se contenter de « ces raisons que la raison ne connaît pas », mais la vie pratique est beaucoup plus exigeante : elle n'est possible et féconde qu'à la condition d'être raisonnable.

Le premier chapitre du *Livre de la Mère* est donc consacré : 1° à établir la *nécessité* d'une « préparation à la maternité » ; 2° à préciser ce que doit être cette préparation, et 3° à indiquer les moyens de la réaliser.

⁂

La plupart des mères admettent assez volontiers la nécessité d'une préparation à la maternité, mais où elles se révoltent, c'est quand on a la prétention de vouloir leur apprendre à aimer leurs enfants.

Rien de plus logique, cependant.

L'affection maternelle est un sentiment, plus ou moins puissant, capable d'inspirer des actes sublimes, mais qui peut conduire aussi aux pires égarements.

Cette affection n'est véritablement efficace, au point de vue du bonheur des enfants qui en sont l'objet, que si elle est éclairée, et non purement émotive.

Il ne suffit donc pas d'aimer ses enfants. Il faut savoir les aimer. C'est l'objet du Chapitre II.

Nous découvrons, en effet, parmi tant de mères qui, toutes, croient aimer leurs enfants, des mères *égoïstes*, qui ne les aiment que pour elles-mêmes, et qui subordonnent le bonheur de leurs enfants aux satisfactions personnelles qu'elles retirent d'eux.

Nous observons aussi des mères passionnément et sincèrement aimantes, mais tellement *aveugles*, qu'elles croient véritablement aimer leurs enfants en cédant à toutes leurs fantaisies et en leur évitant toute espèce de contrariété.

Il ne nous sera pas difficile de démontrer qu'aimer véritablement ses enfants, c'est *vouloir leur bien*, et que vouloir leur bien, ce n'est pas les envelopper dans du coton ou les accaparer pour soi-même, — mais les préparer à la vie, leur apprendre à y trouver leur voie, leur fournir les moyens d'y progresser, et surtout, les laisser libres de la choisir, après avoir éclairé leur intelligence et formé leur jugement.

En un mot, aimer ses enfants, c'est les aimer pour eux-mêmes et non pour notre égoïsme, — c'est vouloir leur bonheur, non seulement actuellement, mais pour leur vie entière, temporelle et éternelle.

Et voilà pourquoi il faut les aimer raisonnablement.

∴

Le Chapitre III traite des *obligations matérielles de la mère*. Elles ont pour objet le développement physique et la santé de l'enfant. Les mères ont rarement besoin d'être stimulées sous ce rapport. Mais elles ont besoin d'être éclairées. Aussi, avons-nous jugé utile de leur rappeler et de leur démontrer, — pour qu'elles aient cette vérité toujours présente à l'esprit, — que le développement physique de l'enfant est la base fondamentale, indispensable, de son développement intellectuel et moral, et qu'il faut commencer par en faire « un bon animal », si l'on veut pouvoir en faire, sans difficulté, un esprit clairvoyant et une conscience droite.

Le Chapitre IV s'occupe des obligations intellectuelles de la mère, au point de vue du développement de l'activité des sens et de l'intelligence de l'enfant. C'est une sorte d'introduction sommaire au *Livre de l'Éducatrice*. Celui-ci développera les détails d'application des procédés d'éducation, dont on se borne ici à exposer les grands principes directeurs.

La formation du caractère de l'enfant, qui portera, toute la vie durant, l'empreinte qu'il aura reçue de la mère, est chose tellement essentielle, que le Chapitre V est presque exclusivement consacré à cet objet. On ne saurait trop accumuler les exemples démonstratifs mettant en pleine lumière que les enfants restent ce que les ont faits leurs mères.

C'est, en effet, cette démonstration, qui impose, à l'attention des mères, l'importance de leurs obligations morales. C'est cette démonstration qui leur révèle la nécessité d'astreindre leurs enfants et elles-mêmes à une discipline morale identique, puisque rien ne sera plus déterminant, auprès de leurs enfants, que l'influence de l'exemple. C'est l'objet du Chapitre VI.

Le Chapitre VII démontre que la tâche de la mère se trouve grandement facilitée, — si elle sait s'y prendre, — par les multiples instincts que Dieu a mis dans la nature de l'enfant : 1° Il aime à *imiter*, et la mère n'a qu'à se prêter à cette tendance pour l'instruire et le moraliser. 2° Il aime à *jouer*, et, en jouant avec lui, la mère peut travailler utilement à son triple développement physique, moral et intellectuel. 3° Enfin, il est d'une *curiosité* constamment ouverte à toutes choses, et sa mère n'a qu'à satisfaire cette disposition naturelle pour l'instruire rapidement. Le tout est de savoir s'y prendre. Or, ce livre a justement pour but d'indiquer comment il faut s'y prendre, en toutes choses, avec les enfants, — d'après l'expérience accumulée des siècles.

∴

La meilleure forme de l'amour maternel, comme le démontre le Chapitre VIII, c'est la *vigilance*. La mère est « l'ange gardien visible » de l'enfant. Le rôle le plus important qu'elle puisse jouer, c'est d'exercer une vigilance constante sur tout ce qui peut influencer, intellectuellement ou moralement, la formation de l'âme de l'enfant : les relations, les amis, les camarades d'études et de jeux, les lectures, — et aussi l'instruction officielle, puisque cela est malheureusement devenu absolument nécessaire.

Ceci est un devoir inéluctable. La mère a charge d'âmes, et il lui sera demandé un compte rigoureux de ce qu'elle aura laissé faire, par une négligence coupable, de l'âme de ses enfants.

Le Chapitre IX établit que, de tous les sentiments que la mère saura inspirer à ses enfants, celui qui lui assurera sur eux la plus grande influence, c'est la *confiance*. Non seulement ils l'aimeront, mais ils lui confieront tout ce qu'ils auront sur le cœur, et c'est à elle qu'ils s'adresseront lorsqu'ils auront besoin d'un conseil, — soit tant qu'ils seront petits, soit même lorsqu'ils seront devenus grands.

Une mère dont le cœur et l'esprit sont constamment préoccupés de ce qui peut être utile au bonheur de ses enfants, leur inspire une telle confiance qu'ils considèrent tout ce qu'elle dit comme la sagesse elle-même. Et ils ont raison.

Le Chapitre X va plus loin encore et montre qu'il n'y a pas de raison pour que ce rôle d'amie, de confidente, de conseillère, assumé par la mère sage, prenne jamais fin. Si elle s'applique à ne jamais perdre de vue ses enfants et ses petits enfants, *si elle s'intéresse à tout ce qui les intéresse*, elle restera pour eux la consolatrice expérimentée et efficace, l'oracle toujours écouté. Devenue grand'mère, elle ne vieillira qu'en apparence : son cœur et son esprit resteront jeunes, parce qu'ils seront à l'unisson de ceux qui sont encore jeunes : elle restera accessible à toutes les émotions, à toutes les clartés nouvelles, et elle vivra heureuse de toutes ces jeunes vies qui l'entoureront, vénérant sa sagesse, et profitant de tous les trésors d'expérience qu'elle peut leur prodiguer.

Ce livre conclut, comme il débute, en faisant appel à l'expérience de la vie. Dans cette conclusion, il précise la véritable mission de la mère, d'après l'exposé qui vient d'être fait de ses multiples obligations.

Les joies et les gloires des mères sont corrélatives de leurs devoirs. Heureuses celles qui atteignent la plénitude de ces joies et de ces gloires, par l'accomplissement intégral de leur tâche maternelle.

Nous ne pouvions clore le volume sans rappeler aux mères que, même celles qui ont rempli leur mission sur la terre avec la plus rare perfection, ne doivent pas toujours s'attendre à retirer ici-bas de leur abnégation les joies qu'elles avaient pu en espérer.

Il y a des mères de douleur! Leur consolation est ailleurs.

Tel est l'ensemble du livre que nous avons entrepris d'écrire pour les mères. Ce qui nous encourage à le leur offrir avec l'espoir qu'il pourra leur être utile, c'est que nous n'y avons rien introduit qui n'ait été emprunté aux mères elles-mêmes, aux meilleures et aux plus clairvoyantes des mères !

CHAPITRE PREMIER

Préparation à la Maternité.

§ 1.

Dans le *Livre de l'Épouse* et dans le *Livre de la Maîtresse de Maison*, nous avons dû constater, en le déplorant, que, la plupart du temps, l'éducation et l'instruction des jeunes filles ne sont nullement en rapport avec les multiples attributions auxquelles, devenues femmes, elles seront appelées à faire face dans la vie.

Il semble même que les programmes aient été calculés, tant dans l'enseignement officiel que dans l'enseignement libre et même dans la famille (nous dirions presque : *surtout dans la famille)*, pour occuper l'esprit des jeunes filles et le bourrer de notions inutiles ou nuisibles, de façon à leur faire complètement perdre de vue qu'elles seront un jour épouses et mères.

On a une peur ridicule de laisser apercevoir à ces enfants qu'elles deviendront des femmes. On ne les entretient que de l'« instruction de la jeune fille, » de l'« art de la jeune fille, » des « vertus de la jeune fille, » du « rôle de la jeune fille, » comme si la jeune fille était l'aboutissement de tout et destinée à rester toujours telle, alors qu'elle n'est, en réalité, que la larve ou la chrysalide d'où sortira le papillon féminin.

Mais comme la nature ne tient aucun compte de cette fiction, en dépit de toutes ces précautions de Gribouille, la jeune fille devient femme ; seulement, au lieu de le devenir normalement, logiquement, avec le concours de l'éducation et de l'instruction, elle le devient *au hasard*. C'est une chrysalide mal venue, un papillon manqué, ou, sans métaphores, une femme *incomplète,* nullement préparée à son rôle familial et social.

Le véritable « rôle de la jeune fille », — pour employer l'expression favorite dont les théoriciens de l'éducation féminine ont plein la bouche, — c'est de *se préparer à devenir femme.*

Non pas femme de lettres, non pas femme savante, non pas « homme d'un autre sexe », mais femme appropriée au but pour lequel Dieu a créé Ève, c'est-à-dire pour être *compagne de l'homme et mère de famille.*

En dehors de ce programme, qui est celui de Dieu et de la nature, il n'y a que niaiserie et déception.

Nous ne reviendrons pas sur ce que nous avons dit, dans les « Livres » précédents, au sujet de la préparation aux rôles déjà ardus de l'*épouse* et de la *maîtresse de maison,* mais comment ne pas insister ici sur l'importance et les difficultés du rôle de la mère ? Comment ne pas répéter, d'accord avec tous les échos de la sagesse séculaire des nations, qu'élever des enfants c'est l'œuvre par excellence, *le grand'œuvre !* et qu'on ne peut s'y adonner avec succès qu'à la seule condition de s'y être sérieusement préparé.

L'œuvre de la mère ne s'improvise pas, et le plus grand malheur de notre époque, la cause du profond déchet moral que nous constatons avec douleur et avec effroi chez tant d'enfants et tant d'hommes de notre génération, c'est que la plupart de ceux-ci ont eu, comme éducatrices, des *mères improvisées !*

Or, à notre époque, plus que jamais, il aurait fallu des mères bien préparées à leur rôle, pour combattre l'influence néfaste d'un enseignement officiel qui n'est plus donné par des éducateurs et des éducatrices vraiment dignes de ce nom, mais, — d'une part, par des politiciens sectaires uniquement préoccupés de tranformer nos fils en électeurs républicains, — d'autre part, par des institutrices qui ne sont trop souvent que des libres penseuses fanatiques, ayant pris à tâche d'*émanciper* l'esprit de nos fillettes, c'est-à-dire de les soustraire non seulement à l'autorité de la religion, mais même à celle de la famille, et d'en faire, non des femmes utiles et honnêtes, mais des *citoyennes*, plus soucieuses de revendiquer leurs prétendus droits que d'accomplir leurs vrais devoirs.

*
* *

Que l'influence de l'éducation en général et de l'éducation maternelle en particulier soit prépondérante sur l'avenir des générations humaines, c'est chose tellement évidente qu'elle n'a jamais été contestée, et qu'elle a été proclamée hautement, au contraire, partout et de tous temps.

Une coutume chinoise a même mis ce fait en relief d'une manière vraiment saisissante. Voici comment Benjamin Franklin relatait cette coutume dans une lettre qu'il écrivait à sa fille :

« Chez les Chinois, le plus ancien et le plus sage des peuples par sa longue expérience, l'honneur ne va pas en descendant, mais en remontant. Qu'un homme, pour prix de sa valeur ou de sa sagesse, soit promu au rang de mandarin, ses père et mère auront droit, par cela seul, aux marques de respect qui sont conférées au mandarin lui-même. On suppose que la bonne éducation et les bons exemples donnés par les parents à leur fils, ont rendu celui-ci capable de devenir utile à l'Etat. »

Il y a là une idée juste que l'on ne saurait trop faire pénétrer et graver profondément dans tous les esprits.

Oui, il est bien vrai que les parents, et surtout les mères, sont directement responsables de ce que deviennent leurs enfants et que ceux-ci sont tels que leurs mères les ont élevés. Les mères vigilantes ont des enfants qui constituent, dans la société, une élite ; — les mères négligentes, ont des enfants *négligés* et *négligeables* à tous les points de vue. Voilà la vérité que nous mettrons particulièrement en vedette et dont nous donnerons la démonstration éclatante dans le Chapitre V, spécialement consacré à la formation du caractère.

Il est une pensée que ne devrait jamais perdre de vue la femme qui a la gloire et le bonheur d'être mère, ou qui est appelée à le devenir. C'est que les maux, quels qu'ils soient, dont nous sommes tous, plus ou moins, exposés à souffrir, proviennent, en grande partie, de vices, de fautes, ou de négligences de ceux qui nous ont précédé dans la vie. Cela devrait suffire pour nous engager à travailler, par le précepte et par l'exemple, au progrès moral de l'avenir.

C'est la pensée qu'exprime ainsi H. Marion :

« Je suis tenu à une vigilance active, comme anneau vivant de la chaîne ininterrompue des générations. Si, d'une part, aboutit à moi toute l'histoire de mes ascendants, et si rien ne s'est perdu de leurs sentiments, de leurs pensées, de leurs œuvres bonnes ou mauvaises, mon histoire personnelle influera de même sur toute ma lignée, et, de ce que j'aurai inséré en bien ou en mal dans la série, rien ne sera perdu. Je travaille donc pour l'avenir, c'est-à-dire pour la future moralité et le bonheur futur de ma famille, de mon pays, de l'humanité, chaque fois que, par mon initiative, toute restreinte qu'elle est, je développe et modifie en mieux, si peu que ce soit, ma nature.

« Toutes les fois, au contraire, que je déchois, je sème pour l'avenir des difficultés, des fautes et des misères. Quelle pensée pourrait être plus propre à me faire considérer la vie avec gravité ? »

Qui ne voit que, dans cette œuvre de plus-value humaine, le rôle de la femme est prépondérant ? Qui ne voit que les pères eux-mêmes doivent se préoccuper de cette dignité des mères, suivant cette parole profonde de Plutarque ?

« Ceux qui veulent être pères d'enfants estimables, doivent chercher une mère *digne de leur donner le jour.* »

Or qu'est-ce qu'une mère digne de donner le jour à des enfants estimables, sinon celle qui a eu, de bonne heure, conscience de la grandeur de la maternité, de la gravité de la maternité, des devoirs qui incombent à la mère, et qui s'est énergiquement consacrée à se préparer sérieusement à l'accomplissement de tous ces devoirs ?

Il importe de mettre les femmes en garde contre une prétention trop fréquente chez les soi-disant « féministes », qui font métier de les flagorner, savoir que les mères trouvent d'intuition, en elles-mêmes, tout ce qui leur est nécessaire pour accomplir leur mission.

Lorsque, parmi tant d'autres, Hippolyte Lucas, par exemple, écrit : « Ce n'est pas la tête qui conduit la femme, c'est le cœur ! » il formule un principe beaucoup trop absolu et, par cela même, dit une bêtise.

Le cœur, pour l'homme comme pour la femme, est un puissant *moteur* ; — mais la tête est un clairvoyant *conducteur*.

Le *moteur* est indispensable ; — le *conducteur* ne l'est pas moins.

Lâcher, sur les routes de l'existence, un moteur sans conducteur, c'est l'exposer aux pires accidents ; — d'autre part, un conducteur sans moteur est impuissant et inutile.

Il doit s'établir une sage pondération entre le cœur qui échauffe et la tête qui éclaire.

La bonne mère, la vraie mère, capable d'élever des enfants, et d'en faire des hommes et des femmes, heureux, honnêtes et utiles, ce n'est pas celle qui n'aura que du cœur, c'est celle qui aura, en même temps, de la tête.

C'est surtout celle qui aura, à temps, c'est à-dire avant d'être obligée de se livrer à l'œuvre d'éducation, meublé cette tête de toutes les notions indispensables à la mère et à l'éducatrice, pour accomplir sa tâche avec succès.

Voilà ce que révèle l'expérience de la vie.

Et voilà pourquoi nous n'hésitons pas à dire à toutes les mères, de tenir à leurs filles ce langage, dès que celles-ci *seront capables de le comprendre*, c'est-à-dire, généralement, après leur première communion :

— Ma fille, — à moins d'une vocation spéciale de Dieu, tu es appelée, par le seul fait que tu es femme, à devenir un jour une mère de famille. Prépare-toi, dès maintenant, à ce rôle, qui est difficile, et qui comporte de multiples obligations. Tu n'y seras jamais assez préparée ! Je t'aiderai de mon expérience, de mes conseils et de mes exemples !

Ou bien, si elles ne veulent pas le leur dire avec cette précision, qu'elles le leur inspirent, qu'elles le leur suggèrent, et qu'elles agissent avec leurs filles *comme si elles le leur avaient dit !*

§ 2.

Que doit être cette préparation à la maternité ?

Oh ! ce n'est rien de transcendant et de difficile ! C'est l'acquisition des connaissances pratiques, indispensables à la mère de famille ; — c'est aussi, autant que possible, l'apprentissage graduel des futures fonctions de la mère de famille.

C'est, d'ailleurs, ce qui se fait plus ou moins, dans toutes les familles, mais d'une *manière* empirique, routinière, sans méthode et sans plan arrêté.

La fillette qui joue à la poupée fait inconsciemment son premier apprentissage de mère de famille, mais elle le fait *en pleine fiction*, à moins qu'une mère intelligente et vigilante n'intervienne de temps à autre dans ses jeux, et ne ramène son imagination vagabonde dans les chemins de la réalité, en lui faisant remarquer combien une petite fille vivante, remuante et bruyante, qui a soif et faim, qui use ou déchire des effets et des chaussures, qui casse la vaisselle et renverse les meubles, donne beaucoup plus de soucis et de tracas à sa petite mère qu'une poupée inerte.

Pas de sermons, pas de morale ! Une simple réflexion placée à propos !

L'apprentissage est beaucoup plus pratique pour une sœur aînée qui a des petits frères et des petites sœurs. Ici, elle vit en pleine réalité, et s'aperçoit sans peine que les soins à donner aux petits diffèrent grandement de ceux à donner à la poupée.

Mais, ici encore, il faut à la mère de famille beaucoup de tact pour que la grande sœur considère la mission qui lui est confiée auprès des plus jeunes, non seulement comme un devoir d'aide familiale, mais aussi comme une préparation à la maternité, *et non comme une corvée dont on se débarrasse sur elle !*

Car là est l'écueil de ces sortes de délégations maternelles.

Bercer ou promener les petits, les débarbouiller du haut en bas, leur donner à manger ou à boire, changer leur linge, tout cela sera présenté à la grande sœur, par une mère avisée, comme un apprentissage qui lui est indispensable, afin qu'elle puisse s'en acquitter habilement lorsqu'elle sera en ménage.

C'est, malheureusement, ce que l'on ne fait pas habituellement, et il y a là une grande maladresse.

On donne un ordre sans le motiver, et celle qui le reçoit, au lieu d'en retirer un bénifice éducatif, y trouve un motif de mauvaise humeur.

En somme, il n'y aurait pas grand chose à modifier à ce qui se fait actuellement. Il suffirait qu'entre la mère et sa fille devenue capable de la seconder pour les soins à donner aux plus jeunes, il n'y eût, ni d'un côté ni de l'autre, l'arrière-pensée que la grande sœur joue, en quelque sorte, le même rôle qu'une *bonne d'enfants* salariée.

Il faudrait qu'il fût dit, établi, compris de tous les membres de la famille, que la jeune fille aide sa mère à accomplir sa tâche, tout en se préparant au rôle qu'elle aura à remplir un jour pour son propre compte.

Et pour que ne se produise pas le facheux malentendu qu'il s'agit, au contraire, d'éviter, au lieu d'ordres brefs, sans explication, la mère devrait s'attacher à instruire sa fille, en accompagnant chaque demande de concours, des conseils que peut lui suggérer son expérience.

Comme on le voit, le point sur lequel nous insistons, — parce qu'on le néglige trop, non sans inconvénients, — c'est *la manière.*

La mère, en demandant à sa fille de lui être utile, ne se préoccupe pas suffisamment, de son côté, d'être utile à sa fille. Il n'y a pas échange mutuel de services, et c'est de là que viennent les froissements.

C'est une maladresse, — parce que, certainement, l'enfant serait d'autant plus utile à sa mère que celle-ci l'aurait fait profiter davantage des conseils de son expérience.

Mais c'est aussi une négligence coupable, parce que la mère perd ainsi une occasion de préparer sa fille à son rôle futur.

Nous dirons donc aux mères :

— Changez de *manière* dans votre façon d'être, vis-à-vis de vos filles, soit qu'elles jouent à la poupée, soit qu'elles vous secondent pour élever vos plus jeunes enfants.

« Ayez toujours en vue qu'elles sont destinées à devenir mères à leur tour, et ne perdez aucune occasion de les préparer à ce rôle, en profitant de leurs jeux ou de leurs relations avec leurs petits frères ou sœurs, pour les instruire. »

∴

Il y a donc une préparation à la maternité qui peut s'accomplir, comme nous venons de le dire, par le seul fait des circonstances de la vie de famille, pourvu que les parents veuillent bien profiter de ces circonstances et seconder efficacement leur œuvre éducatrice. Cette préparation, par cela même qu'elle résulte de l'expérience et de la pratique, est la meilleure de toutes.

Néanmoins, elle ne dispense pas de l'acquisition des notions positives, utiles à la mère de famille, notions que n'enseigne pas d'ordinaire la vie de tous les jours, et que l'on est obligé de recueillir, soit dans les livres bien faits, soit dans les conseils expérimentés des personnes avec lesquelles on est en relations.

Il est indispensable, par exemple, que la mère possède des notions précises d'hygiène, notamment sur tout ce qui peut affecter sa propre santé ou celle de son enfant. Il est indispensable qu'elle soit exactement au courant de tout ce qui est relatif à sa nourriture, à son habillement, aux soins de toilette qu'il exige, au bon fonctionnement de tous ses organes.

Une mère, pourvue de données sérieuses sur l'hygiène et la médecine infantiles, sera, à la fois, moins prompte à s'alarmer, et plus apte à donner des soins à ses enfants aux premiers symptômes d'indisposition.

Elle apportera à l'allaitement et à la nutrition, les soins délicats nécessités par les fragiles organismes de ces petits êtres.

Elle évitera, dans leur habillement, les routines et les préjugés nuisibles au développement et à la bonne conformation du corps.

Enfin, en possession de notions positives établies par la science et l'expérience, elle se gardera de s'abandonner aux remèdes contradictoires imaginés par les bonnes femmes, pour calmer imprudemment les malaises des bébés.

Au point de vue intellectuel et moral, la mère prévoyante n'attendra pas que le moment de pratiquer son œuvre de formation de l'esprit et du cœur de son enfant soit arrivé, pour s'y livrer, au hasard de ses inspirations.

Elle aura, longtemps à l'avance, prévu la tâche à accomplir et elle s'y sera préparée de deux manières.

Tout d'abord, elle observera et elle étudiera les enfants qu'elle a l'occasion de rencontrer de toutes parts. Elle se rendra compte de la façon dont ils sont élevés, dont leurs qualités ou leurs défauts se développent, et si elle a le jugement sûr, elle tirera un grand parti de ces observations, au point de vue de la méthode éducative qu'elle devra employer vis-à-vis de ses propres enfants.

Cette expérience de la vie réelle des enfants est des plus précieuses. La future mère la complétera avantageusement par la lecture de ce qu'ont écrit divers auteurs sur la psychologie enfantine et sur l'éducation.

Tous les livres consacrés à cette matière sont bons à lire. Tous renferment une part plus ou moins considérable d'expérience et par conséquent de vérité.

Le grand point c'est d'avoir le jugement assez sûr pour savoir faire le départ entre les opinions fondées et les pures imaginations. On y arrive en comparant les idées émises par les divers auteurs avec celles qui résultent de notre propre expérience.

En résumé, la préparation à la maternité consiste à acquérir, — soit par l'expérience et la pratique directe, soit par les livres et les conseils autorisés, — la plus grande somme possible de connaissances, — afin que la femme puisse s'acquitter, sans crainte de faire fausse route, de ses fonctions maternelles à l'égard de ses enfants, — tant au point de vue de leur développement physique, que de leur formation intellectuelle et morale.

§ 3.

Nous répétons que cette préparation à la maternité est, actuellement, trop négligée. Elle ne se fait, comme nous l'avons dit, que d'une manière routinière et incomplète.

Pour l'organiser et la généraliser, il faudrait, à la fois, le concours de toutes les mères, et celui des méthodes éducatives.

Les mères devraient se rendre compte des difficultés qui entourent leur tâche, par le fait même de leur manque de préparation antérieure. Elles n'y suppléent, dans une certaine mesure, qu'à force de dévouement, d'abnégation, et pas toujours à leur entière satisfaction.

Pourquoi ne prendraient-elles pas à cœur d'éviter de semblables difficultés à leurs filles, en ayant, pour celles-ci, plus de prévoyance que l'on n'en a eu pour elles-mêmes ?

Dans le milieu familial, il n'est pas difficile à une mère qui veut y prêter quelque attention, de préparer, sans grande peine, ses filles à la maternité. Ce milieu se prête mieux que tout autre à l'expérimentation, à la pratique de ce que l'on enseigne.

C'est un courant à créer. Une fois qu'il aura pris naissance, toutes les mères feront de même, et cette pratique se continuera par une tradition familiale ininterrompue.

Des tentatives de ce genre, qui ont été faites avec succès, nous permettent d'espérer que les idées que nous préconisons se répandront et entreront dans la pratique.

Il sera peut-être plus difficile de les faire pénétrer dans les méthodes éducatives. Celles-ci sont engagées dans une fausse voie, du moins en ce qui concerne les jeunes filles.

Les programmes ont développé démesurément les études spéculatives, au détriment des connaissances pratiques. Nos jeunes filles deviennent de plus en plus des lettrées et des savantes, inaptes à jouer leur rôle essentiel dans la vie de famille.

C'est un engouement irréfléchi, déplorable, qui ruine les assises mêmes de notre société.

L'instruction de la femme est une chose bonne en soi, et je suis tout à fait de l'avis de Jules Simon lorsqu'il écrivait :

« Chaque fois que l'on instruit une femme, c'est une petite école que l'on fonde. »

Mais il importe de bien comprendre le sens profond de cette phrase de Jules Simon.

La femme est essentiellement éducatrice, *parce qu'elle devient mère de famille*. Ce qu'elle a appris, elle le transmet à ses enfants : la voilà, la petite école ! Si elle est ignorante, ses enfants ne retirent d'elle que peu de chose ; plus elle est instruite, plus elle les instruit, mais toujours à la condition de rester mère de famille !

Or, la mère de famille n'a pas à enseigner à ses enfants la physique, la chimie, la cosmographie, l'anatomie comparée, toutes choses que l'on apprend aujourd'hui à nos filles. Il y a, pour cela, des maîtres spéciaux, de même que pour la littérature, les langues mortes, etc.

Pour apprendre à nos filles ces notions scientifiques ou littéraires qui ne leur serviront jamais dans leur ménage, on a sacrifié les notions pratiques qui leur seraient utiles.

On a fait pire : on a dévoyé leurs esprits, on les a détournés des vraies aspirations de la femme, pour les lancer dans les ambitions scientifiques et littéraires.

Les effets de ces nouvelles méthodes éducatives commencent à se faire sentir. A mesure que les femmes envahissent les fonctions intellectuelles, jusqu'à ce jour sagement confiées aux hommes, les familles vraiment dignes de ce beau nom disparaissent.

Aussi la phrase de Jules Simon est-elle aujourd'hui à modifier de cette façon :

« Chaque fois que l'on instruit une femme *à tort et à travers*,... c'est une famille que l'on détruit !... »

∴

Aucun mal moral n'est incurable !

Déjà nous apercevons, dans la société et dans les livres, les symptômes d'un mouvement de réaction contre les fâcheuses tendances des méthodes éducatives, destructives du milieu familial.

On commence à constater l'erreur fondamentale de ces méthodes qui substituent la formation intellectuelle intensive à la formation morale de la femme, — et si les pédagogues théoriciens ne désarment pas, les familles ne les suivent plus, ou les abandonnent de plus en plus.

Les fruits de l'instruction purement spéculative des jeunes filles donnent tous les jours de grosses déceptions. Les hommes sensés, soucieux de fonder un ménage, laissent à leurs livres les lycéennes gonflées de science, et celles-ci sont, de plus en plus, vouées fatalement au célibat. Quand je regarde autour de moi, je constate que les femmes que l'on épouse le plus volontiers, ce sont... *les bonnes ménagères !...* On se défie des autres !

Lorsque les jeunes filles les plus clairvoyantes auront fait, à diverses reprises, cette constatation, elles auront moins d'engouement pour les travaux intellectuels, et reviendront aux occupations pratiques du ménage.

Tout le monde ne pourra qu'y gagner.

Ce mouvement de réaction peut être accéléré par l'apostolat des mères de famille qui aiment réellement leurs filles. Qu'elles s'attachent à devenir elles-mêmes des mères de famille modèles, et qu'elles encouragent leurs filles, par tous les moyens, à suivre leur exemple.

L'instrument de cet apostolat peut être ce *Livre de la Mère*, dans lequel l'auteur à réuni tous les arguments qui militent en faveur de la préparation à la maternité, — et où il expose les moyens pratiques de réaliser cette préparation.

Que les mères n'hésitent pas à le lire, à le méditer, et à le mettre entre les mains de leurs filles. Elles se rendront compte qu'il leur apporte la vérité, l'appréciation raisonnable de leur beau rôle, et partout où il pénétrera, partout où les préceptes qu'il renferme seront mis en pratique, il aura fondé, lui aussi, « une petite école ! »

CHAPITRE II

Comment la Mère doit aimer ses Enfants

§ 1.

Le plus puissant « moteur » de la mère, — ce qui a le plus d'action sur elle, — c'est l'amour maternel.

Aussi, est-ce à son amour maternel que nous faisons appel, lorsque nous attirons son attention sur la nécessité qui s'impose à elle de se préparer sérieusement à remplir son rôle si grave de mère, et surtout d'y préparer ses filles.

L'amour maternel a été glorifié presque à l'égal de l'amour divin.

Mais, alors que l'amour divin est absolument parfait, pur, et clairvoyant, — l'amour maternel participe à toutes les faiblesses des sentiments humains.

Ces faiblesses se rattachent à deux racines principales.

Tout d'abord, dans l'affection humaine, se glisse, sans que nous le voulions, sans même que nous nous en rendions compte, une part plus ou moins grande de cet égoïsme inamissible, de cet amour-propre et de cette admiration de nous-mêmes qui, semble-t-il, font partie intégrante de notre nature.

Pour mettre ce fait psychologique en pleine évidence, prenons l'exemple extrême, — celui de certaines personnalités, chez lesquelles l'amour-propre, la complaisance en soi, sont poussés à un tel degré d'exagération, que cela devient presque une sorte de maladie mentale ridicule.

∴

Tout le monde a eu l'occasion de rencontrer, dans la vie, un personnage à l'esprit plutôt étroit (la vanité est toujours proportionnelle à l'étroitesse d'esprit), qui vit dans une perpétuelle admiration de lui-même, de tout ce qu'il dit, de tout ce qu'il fait, de tout ce qu'il possède, de tout ce qui le touche, *Lui !* de près ou de loin, et qui éprouve une soif inextinguible d'être admiré, jusque dans les plus petites choses.

Tout ce qui se rapporte à *sa personne*, tout ce qui entre dans *sa maison*, acquiert, par cela seul, une supériorité extraordinaire. Le fromage de Coulommiers que l'on sert sur *sa table*, devient aussitôt du Coulommiers *fin*. Il a ainsi un adjectif caressant et flatteur pour tout ce qu'il offre à ses convives : souvent même, c'est au seul adjectif que se borne la sauce. Le café que l'on boit *chez lui* est le meilleur que l'on ait jamais bu. Son vin n'a pas de pareil au monde ; — son eau non plus ! Il vous redira trois cent soixante-cinq fois par an (une fois de plus les années bissextiles), avec une admiration inlassable, inépuisable, insatiable : « Goûtez-çà !... Avez-vous goûté ça ? » comme si, en aucun autre lieu du monde que chez lui, on ne pouvait *goûter ça !*

Cet imprimé quelconque qu'il vient de recevoir est une merveille artistique... parce qu'on le *Lui* a envoyé, parce que c'est entré *chez Lui.*

L'atmosphère dans laquelle il respire suffit à diviniser toutes choses. Tout ce que l'on voit *chez lui* est rare et précieux. Ses domestiques sont des perles,... jusqu'au jour où il en change (ce qui lui arrive souvent). Ses fournisseurs sont les meilleurs de tous... tant qu'il se sert chez eux (ce qui ne dure jamais longtemps).

On dirait que tout ce qui l'entoure a été créé et mis au monde exprès pour faire ressortir la supériorité de sa rare personne. Tout ce qu'il fait est merveilleux et ses idées sont « géniales ». Dans la plénitude de son admiration pour lui-même, il sollicite constamment celle des autres. Malheur à qui la lui ménage ! Ceux-là seuls qui le flattent ont son estime, et en profitent pour avoir son argent. Son jugement sur les hommes et sur les choses est tranchant, absolu. Ceux qui lui plaisent sont *très forts,* (il serait embarrassé de dire pourquoi, lui qui n'est fort en rien, pas même médiocre) ; ceux qui lui déplaisent sont des nullités : il s'étonne même que ce qui ne lui plait pas puisse exister ! Mais ce qui lui paraît le plus extraordinaire, c'est que le monde puisse marcher sans qu'il ait été consulté sur l'ordre et la marche à suivre !

Ce portrait, *peint d'après nature*, montre jusqu'à quel point peut être poussée l'admiration maladive de soi-même et de tout ce qui se rapporte à soi.

Eh bien ! ne sourions pas trop de ces exagérations exceptionnelles que présentent quelques esprits faibles, car elles dérivent d'un sentiment qui nous domine tous à des degrés divers.

Tous, nous nous attachons, avec une ferveur intense, à tout ce qui nous touche, et nous nous complaisons admirativement en nous-mêmes et en ce qui vient de nous, — surtout en ce que nous créons au prix d'un réel effort, en ce qui porte notre empreinte, le cachet de notre personnalité.

A ce point de vue, rien de plus semblable à l'amour de la mère pour son enfant, que l'amour d'un auteur pour une œuvre dans laquelle il a mis plus ou moins de lui-même. Et je ne parle pas seulement d'une œuvre artistique ou littéraire, mais de toute œuvre humaine. En dehors de toute préoccupation de lucre, le plus humble des cultivateurs contemple ses récoltes avec l'amour-propre de l'auteur, et lorsqu'il leur sourit, il sourit à lui-même. François Coppée a admirablement rendu cette psychologie de l'homme qui a mis une partie de soi en une œuvre même matérielle, lorsqu'il a écrit, dans le *Luthier de Crémone*, la scène émouvante de l'échange des violons.

Donc, non seulement les mères, mais tous les humains, ont une complaisance illimitée, une admiration sans bornes, pour tout ce qui vient d'eux, *principalement parce que cela vient d'eux*.

C'est la psychologie que La Fontaine a si expressivement attribuée au hibou : [1]

> . . . . . Mes petits sont mignons,
> Beaux, bien faits et jolis sur tous leurs compagnons :
> Vous les reconnaîtrez sans peine à cette marque !

∴

Une conséquence directe de cette tendance innée à admirer sans réserve tout ce que nous faisons, c'est que toute affection humaine que la raison ne parvient pas à diriger, est profondément aveugle. Elle ferme obstinément les yeux à ses erreurs : elle ne les voit pas ; elle ne veut pas les voir ; elle ne veut pas admettre qu'elle puisse se tromper.

Ce phénomène psychologique est absolument général. C'est un fait que tous les moralistes ont constaté, non seulement dans les sentiments affectifs, mais aussi dans tous nos autres sentiments, lorsqu'ils sont déréglés, lorsqu'ils échappent à la raison et dégénèrent en passions. *L'aveuglement des passions* n'est pas une vaine formule : c'est une redoutable réalité.

Il y a, d'ailleurs, tous les degrés d'aveuglement, comme il y a tous les degrés de passion. Tantôt c'est une erreur tenace, fertile en conséquences désastreuses ; — tantôt, c'est une illusion passagère, qui se dissipe avec le sentiment qui l'a fait naître, sans qu'il en résulte de grands dommages.

1. L'Aigle et le Hibou (*Fables de La Fontaine*, Livre Cinquième).

Molière a très finement exprimé les illusions que fait éclore dans l'imagination des hommes la période sensible de leur affection pour la femme de leur choix [1], — dans ces vers célèbres du *Misanthrope*, (Acte IV, Scène V.):

Ils comptent les défauts pour des perfections
Et savent y donner de favorables noms :
La Pâle est au jasmin en blancheur comparable;
La Noire à faire peur, une brune adorable ;
La Maigre a de la taille et de la liberté;
La Grosse est, dans son port, pleine de majesté;
La Malpropre sur soi, de peu d'attraits chargée,
Est mise sous le nom de beauté négligée ;
La Géante paraît une déesse aux yeux ;
La Mince, un abrégé des merveilles des cieux ;
L'Orgueilleuse a le cœur digne d'une couronne ;
La Fourbe a de l'esprit ; — la Sotte est toute bonne ;
La trop grande Parleuse est d'agréable humeur;
Et la Muette garde une honnête pudeur.
C'est ainsi qu'un amant, dont l'amour est extrême,
Aime jusqu'aux défauts de la femme qu'il aime.

La réciproque est vraie : la femme qui aime n'est pas plus clairvoyante que l'homme vraiment épris (il s'agit

1. Dans le *Livre de l'Épouse* (Chapitre II : Comment l'Épouse doit aimer son mari), nous avons mis en lumière que ces illusions ne sont nullement nécessaires à la véritable affection conjugale, et qu'au contraire, les époux s'aiment d'autant mieux qu'ils se connaissent davantage et qu'ils se voient clairement tels qu'ils sont en réalité, avec leurs défauts aussi bien qu'avec leurs qualités. La vie réelle n'est pas faite d'illusions; les illusions lui sont, au contraire, préjudiciables.

ici de l'amour *sensible*), et pare l'objet de son affection de toutes les qualités.

La même tendance se retrouve dans l'amour filial et dans l'amour fraternel. Comment reconnaître les défauts de ceux que l'on aime? Comment ne pas avoir pour eux une indulgence inépuisable?

Enfin, même dans l'amitié, on est toujours porté à excuser ce qu'un juge impartial trouverait peut-être répréhensible.

Comment l'amour maternel, le plus puissant de tous, pourrait-il échapper à cette loi générale de la psychologie humaine? Il la subit, au contraire, au plus haut degré.

L'enfant, pour la mère, c'est elle-même, c'est sa propre chair, sa propre vie... C'est encore plus qu'elle-même : c'est un être qui lui doit l'existence, et qui lui donne constamment cette sensation glorieuse, qui la remplit d'un légitime orgueil, de la puissance créatrice de la maternité.

— Mon enfant !

Ces deux mots, dans la bouche d'une mère, expriment une immensité de satisfactions triomphantes. C'est la création, c'est la possession, c'est le doublement de sa vie par la vie qu'elle a transmise à l'enfant, et de cet ensemble d'impressions résulte tout un monde de joies ineffables qui enivrent l'âme maternelle.

Ces joies, comment les payer suffisamment, sinon par le don de soi, complet, absolu, dépassant le dévouement, allant jusqu'au sacrifice, et trouvant de nouvelles satisfactions dans cette abnégation ?

Et vous voudriez que, dans une affection aussi passionnée, l'aveuglement ne prît pas, trop souvent, la place de la réflexion, et n'atteignît pas, parfois, des proportions exagérées ?

La première caractéristique d'une affection vraie et profonde, c'est une bonté indulgente, patiente, inépuisable, pour ceux que l'on aime, — mais cette bonté n'exclut pas nécessairement la clairvoyance.

L'amour maternel, lui, laisse fréquemment la bonté dégénérer en faiblesse. Or la faiblesse n'est pas autre chose qu'une bonté aveugle, qui excuse tout, même ce qu'elle ne devrait pas excuser, même ce qui peut être nuisible à la fois à la mère et à l'enfant.

Il arrive quelquefois que l'exagération de ce sentiment porte la mère à sacrifier, pour son enfant, non seulement elle-même, mais aussi, avec un égoïsme féroce, tout le monde et tout au monde. A ce degré d'exaltation, l'amour maternel atteint le dérèglement de la passion, et devient, par conséquent, un danger, non seulement pour la mère et pour l'enfant, mais aussi pour tous ceux qui se trouvent mêlés à leur vie.

Tous ces faits sont d'observation quotidienne, et n'ont pas besoin de plus ample démonstration.

Il est avéré que la mère a une tendance naturelle à envelopper son enfant d'une tendresse aveugle qui peut lui faire plus de mal que de bien.

Or, il est indubitable que, pour assurer le bonheur de son enfant et le sien propre, il est de beaucoup préférable que la mère suive les conseils de la raison, plutôt que d'obéir aux suggestions tyranniques d'une affection inconsidérée.

Voilà pourquoi nous avons dit et nous répétons que la mère a besoin d'apprendre comment elle doit aimer ses enfants.

Ce faisant, elle ne les aimera pas moins, — et, de plus, elle les aimera mieux, parce que son affection sera éclairée et ne risquera pas de faire fausse route.

§ 2.

Si vous aimez sincèrement vos enfants pour eux-mêmes, et non pour les satisfactions personnelles que vous procure votre affection et la leur, — ce que vous désirez, par dessus tout, c'est qu'ils soient heureux.

C'est même pour cela, direz-vous, que vous les gâtez, que vous ne pouvez pas souffrir de voir dans leurs yeux une larme, — et que vous leur évitez toute contrariété, afin qu'ils soient toujours souriants et joyeux. Ce qui vous rend heureuse, c'est le spectacle de leur bonheur.

Cette manière de voir serait déjà difficilement justifiable si ceux que vous aimez devaient rester toujours enfants, comme le demandait l'ancienne « berceuse » que chantait une mère, et dont chaque strophe se terminait par ce vers :

Oh ! mon enfant ! reste toujours petit !

Mais vous savez bien qu'il n'en est pas ainsi. Les enfants grandissent, et ils ne tardent pas à se trouver dans l'obligation d'aborder de front la préparation à la vie. A mesure qu'ils grandissent, ils doivent surmonter des épreuves de plus en plus difficiles, que vous ne pouvez leur éviter, et enfin, devenus hommes, ils entrent dans la lutte pour l'existence. Vous n'ignorez pas, Madame, que celle-ci devient, tous les jours, de plus en plus rude.

— Eh bien! justement! disent certaines mères.... Puisque le cher petit aura plus tard à lutter et à souffrir, qu'il profite du moins, le plus longtemps possible, du bonheur que lui procure l'affection maternelle tant qu'il reste sous son égide. Ce sera toujours cela de pris!

Ce raisonnement, qui paraît triomphant à tant de mères, repose sur une déplorable illusion.

Pour éviter aux enfants quelques petites peines, vous multipliez, dans d'énormes proportions, celles qu'ils éprouveront plus tard.

Je trouve un exemple typique, qui se rapporte à ce sujet, dans l'excellent livre de Joël de Lyris sur *Le Choix d'une Bibliothèque*, [1] pages 19 à 21. L'auteur signale un syllabaire, écrit par un haut fonctionnaire de l'Université, qui a cru faire une découverte géniale.

« Au lieu de fatiguer l'esprit des enfants, dit Joël de Lyris, en leur faisant lire constamment des mots nouveaux et des phrases nouvelles, en vue d'une marche graduelle vers la lecture courante, il a trouvé

1. JOEL DE LYRIS, *Le Choix d'une Bibliothèque*, un beau volume in-8° couronne, de la « Bibliothèque Aubanel Frères ». — Broché : 3 fr. ; reliure percaline, tranche rouge : 4 fr. (Aubanel Frères, Avignon).

La mère aveugle, qui veut voir ses enfants constamment satisfaits *actuellement*, leur évite toute peine, et, même tout effort, qui leur serait cependant indispensable pour faire l'apprentissage normal de la vie. C'est avec des précautions infinies, — au compte-gouttes, comme dit Joël de Lyris, — qu'elle les laisse s'habituer lentement aux réalités de l'existence, et elle en supprime le plus qu'elle peut, leur créant un milieu factice, toujours le même, comme s'ils devaient y vivre perpétuellement.

Je ne sais si les enfants, élevés ainsi dans du coton, en sont plus heureux, même *actuellement*, et certaines observations, que j'ai faites sur le vif, me donnent lieu, au contraire, d'en douter. Mais, ce dont je suis absolument certain, par l'expérience de tous les jours, c'est que ces enfants habitués à une vie douce, calme et facile, — n'ayant, pour ainsi dire, qu'à se laisser vivre pour voir tous leurs désirs se réaliser, — ignorant tout des aspérités de l'existence, — ces enfants, dis-je, souffrent cruellement dès qu'un changement vient à se produire dans cet état de choses.

Or, ce changement se produit fatalement un jour où l'autre, puisqu'à mesure qu'il grandit l'enfant s'éloigne de plus en plus du milieu où il était sous la protection de l'égide maternelle. Et alors, il se heurte à une foule de choses qu'il ne connaissait pas, parce que sa mère avait soigneusement évité d'en troubler sa quiétude. Et l'apprentissage de l'existence qu'une mère prévoyante aurait dû et pu lui faire faire graduellement sans crainte de la surmener outre mesure, il est obligé de le faire brusquement, brutalement, dans les plus mauvaises conditions possibles.

Donc, Madame, votre sollicitude aveugle a été juste à l'encontre du but que vous poursuiviez. Vous vouliez éviter à l'enfant le plus de contrariétés et d'efforts qu'il était en votre pouvoir d'éloigner de lui, et vous les avez accumulés contre lui à une époque où vous ne serez plus là pour lui venir en aide. En cherchant à *escamoter les difficultés*, — suivant la très juste expression de Joël de Lyris, — vous n'avez fait que les ajourner et, en outre, vous les avez grossies.

∴

Mais, en agissant comme vous l'avez fait, est-ce bien réellement pour le bonheur de votre enfant que vous avez travaillé, sans aucune arrière-pensée égoïste? Est-ce qu'en cherchant sa quiétude, vous ne cherchiez pas aussi un peu la vôtre? Est-ce qu'en lui évitant l'effort et la peine, vous ne cherchiez pas également à vous éviter à vous-même l'effort qu'il aurait fallu faire, la peine qu'il aurait fallu éprouver, pour le préparer normalement à la vie réelle?

Je sais bien que vous protestez contre toute accusation de vues personnelles égoïstes, parce que vous n'en avez peut-être même pas conscience.

L'amour maternel paraît être tellement inaccessible à tout égoïsme qu'un moraliste, M. Louis Aigon, n'a pas hésité à écrire :

« L'égoïsme se faufile dans nos meilleurs sentiments, dans l'amitié, dans l'amour... On le verra toujours s'arrêter devant l'amour maternel. »

Eh bien ! En affirmant cela avec tant d'assurance, M. Louis Aigon, — d'ailleurs souvent mieux inspiré, — fait preuve d'une science psychologique tout à fait insuffisante.

Nous avons amplement démontré, dans le premier paragraphe de ce chapitre, que l'amour maternel, bien loin d'être incompatible avec l'égoïsme, en est radicalement, essentiellement inséparable. La part d'égoïsme qui y entre peut être plus ou moins considérable, mais il y en a toujours quelques traces.

Saint-Lambert, à qui l'on ne peut refuser une profonde science de la psychologie morale, a été beaucoup plus clairvoyant que M. Louis Aigon lorsqu'il dit :

« Prenez garde d'aimer, dans vos enfants, ce qui vous amuse, de préférence à ce qui leur est utile. »

J'ajouterai, pour l'avoir observé maintes fois :

— Prenez garde d'aimer surtout en eux *ce qui flatte votre amour-propre !*

Au lieu de mettre à vos enfants des vêtements simples, faciles à laver, qui leur permettent de jouer sans contrainte, et de prendre tous les ébats qui sont nécessaires à leur activité expansive et à leur santé, vous les parez de riches toilettes qui les obligent à rester immobiles !

Pourquoi ? Est-ce pour leur plaisir ? pour leur satisfaction ?... Eux ne demanderaient qu'à se rouler dans l'herbe ou dans le sable !

Non ! C'est pour votre vanité ! C'est pour qu'on les admire et qu'on vous admire. Cela, — pour parler franc, — leur fait une belle jambe !

Et lorsque vous faites étalage de la mémoire de vos enfants, en leur faisant réciter des fables et des compliments, — est-ce pour leur plaisir ? Non, c'est uniquement pour votre vanité ! Vous êtes fière de vos enfants, mais parce que l'admiration que vous *paraissez* chercher pour eux rejaillit sur vous-même.

Le docteur Johnson avait une véritable antipathie pour les enfants-prodiges, — parce qu'il avait eu lui-même à souffrir, dans son enfance, de l'empressement de ses parents à produire ses talents précoces.

« Dès qu'arrivait une visite, dit-il, je grimpais me cacher dans un arbre, pour échapper à l'ordre de montrer mes jeunes talents.

« C'est trop souvent, ajoutait-il, le grave inconvénient du mariage tardif. L'enfant du vieillard mène, à peu de chose près, la vie du bichon favori, objet d'une extravagante tendresse, et forcé de se dresser sur ses deux pattes de derrière et de faire le beau pour divertir la compagnie, qui s'en va fort ennuyée de ce désagréable passe-temps. »

Un de ses amis vint un jour lui demander d'entendre ses deux fils réciter, l'un après l'autre, l'élégie du poète Gray, afin de juger lequel scandait le mieux les vers.

— Non, répliqua Johnson ; que les chers petits récitent tous les deux à la fois. Il en résultera plus de bruit et ce sera plus tôt fini.

Dans sa brutale franchise, l'opinion du docteur Johnson est des plus justes. C'était un excellent observateur psychologue, et il suffit de regarder autour de soi pour s'apercevoir qu'il a bien vu et qu'il a dit vrai.

Donc, mères de famille, si vous voulez échapper à cette pointe d'égoïsme qui tend à se glisser dans votre affection maternelle, recherchez, pour vos enfants, tout ce qui peut leur être utile à eux-mêmes, plutôt que ce qui flatte votre amour-propre.

Voilà la véritable abnégation : celle de la vanité personnelle. Lorsque vous êtes tentée de céder à l'envie de mettre en évidence vos enfants pour en recueillir des louanges, qu'aussitôt dans votre esprit surgisse cette pensée : « En quoi cela sera-t-il utile au bonheur de mes enfants » ?

Si vous le voulez fermement, vous prendrez cette salutaire habitude. Vous vous en trouverez bien et vos enfants aussi.

***

Une illusion commune à bien des mères consiste à croire que leur indulgence exagérée pour leurs enfants accroîtra l'affection que ceux-ci professent pour elles.

Ici, nous sommes heureux de nous rencontrer avec M. Louis Aigon, qui dit :

« L'extrême indulgence pour nos enfants augmente leurs défauts et diminue leur tendresse. »

Rien de plus vrai, et il est facile de mettre en évidence la raison psychologique de ce fait.

L'enfant ne raisonne pas. Plus que la mère elle-même, c'est un être sensible à toutes les impressions, et il réagit suivant que ces impressions sont pour lui pénibles ou agréables, sans se préoccuper d'en déterminer la cause.

Il ne tarde pas à s'apercevoir de la puissance dont il dispose vis-à-vis d'une mère indulgente à l'excès, et, — bien loin de lui en être reconnaissant par un surcroît d'affection, — il profite de la situation pour devenir de plus en plus exigeant.

Dès lors, ses défauts, qu'aucune sévérité ne vient réprimer, se développent en toute liberté, et surtout un défaut capital, qui déchire le cœur des mères, l'*ingratitude,* — alors que par leur faiblese, elles espéraient accroître l'affection.

L'ingratitude est le résultat fatal de l'irréflexion des mères trop tendres. L'enfant qui, quoi qu'il fasse, soit en bien, soit en mal, est toujours assuré de l'approbation de sa mère, ne distingue bientôt plus entre les deux, et perd le sens moral. Cette indulgence qu'on lui prodigue *sans qu'il l'ait méritée,* il finit par croire qu'elle lui est due.

Dès lors, quelle reconnaissance aurait-il pour cette touchante sollicitude qui s'impose, pour ainsi dire, à lui ? Puisque sa mère trouve son propre bonheur à le choyer, — *elle est assez payée,* par le seul fait que son idole daigne se laisser faire !

Et voilà pourquoi un enfant mal élevé est toujours ingrat.

*
* *

Lorsque les enfants sont devenus grands et qu'ils sont aptes à rendre des services, — il est un écueil que les mères évitent difficilement.

ceci. Les mêmes mots reviennent toujours dans les exercices de syllabisation, depuis le commencement jusqu'à la fin du volume. Ce n'est que peu à peu, par petites doses, au compte-gouttes, que l'on introduit, de temps en temps, dans les exercices, un mot de plus, pas trop difficile, permettant de varier un peu la phrase et d'allonger les périodes. »

Joël de Lyris cite quelques exemples empruntés au syllabaire en question, et qui sont d'un comique achevé : nous conseillons de lire cet amusant passage. Puis il conclut :

« ... Si les enfants font, par ce système, des progrès *en apparence* très rapides, parce qu'ils trouvent jusqu'à la fin du volume les mêmes mots qu'ils ont une fois appris, — ils sont, au contraire, arrêtés, dès qu'on leur met entre les mains n'importe quel livre de lecture courante, et éprouvent des difficultés pour épeler le grand nombre de mots nouveaux qu'ils y découvrent.

« La méthode va donc tout juste à l'encontre du but proposé, qui est d'apprendre à lire, sans chercher à éviter à l'enfant des efforts d'attention, d'intelligence et de mémoire, qui sont indispensables, pour aboutir à des résultats sérieux et décisifs.

« Le meilleur syllabaire est celui qui va droit au but, graduant les difficultés, sans chercher à les escamoter. »

*
* *

Ce raisonnement s'applique de tous points à la manière dont la mère doit aimer ses enfants.

C'est alors surtout que leur affection maternelle, très réelle, se double d'un égoïsme inconscient qui les expose à être injustes envers leurs enfants et même à les rendre malheureux sous prétexte de vouloir leur bien.

Lorsque ses enfants ont grandi auprès d'elle, la mère s'habitue difficilement à l'idée qu'ils puissent jamais la quitter. Un jour arrive cependant où filles et garçons, en vertu des lois inéluctables de la vie humaine, doivent essaimer hors du foyer familial.

C'est un gros crève-cœur pour la mère, mais, si elle voulait analyser ses sentiments intimes, elle s'apercevrait, bien souvent, que son égoïsme saigne plus encore que son affection maternelle.

Elle s'était accoutumée à voir constamment autour d'elle ces compagnons de sa vie, et leur départ va creuser un vide dans son intérieur.

Restée seule avec un fils qui était devenu, pour ainsi dire, chef de famille, elle disposait, dans la maison, d'une autorité incontestée qui va lui être disputée par une bru.

Ailleurs, c'est une fille unique qui déchargeait sa mère d'une partie des soins du ménage, presque une sorte de servante gratuite et dévouée, que son mariage va supprimer, obligeant la maîtresse de maison à reprendre l'ensemble de ses fonctions.

Et alors, il faut voir comment certaines mères, sous le couvert de leur affection pour leurs enfants, fils ou filles, viennent à la traverse de leurs projets de mariage, et mettent tout en œuvre pour les faire échouer ou pour les ajourner le plus longtemps possible.

Oh ! que l'amour maternel entre peu en ligne de compte dans tous ces calculs, et qu'il est démonstratif ce cri du cœur d'une mère à qui l'on disait :

— En les mariant, vous faites le bonheur de ces enfants !

— Oui, *mais moi !*

Ici encore, la mère ne raisonne pas. Elle obéit à une impulsion de sa nature, sans songer que le fait de s'être sacrifiée pour ses enfants ne lui confère nullement le droit de les sacrifier pour elle.

Qu'elle accepte leur sacrifice, lorsqu'il est volontaire, passe encore, quoiqu'il y ait beaucoup à redire à ce sujet, — mais qu'elle veuille l'imposer, c'est une aberration qui est loin d'avoir sa source dans l'amour maternel.

On sait que d'autres mères, au contraire, voient dans le mariage de leurs enfants un moyen de *se débarrasser d'eux*, et les poussent de toutes leurs forces à une union quelconque, même présentant peu de garanties de félicité, pourvu qu'elle procure le but immédiat qu'elles poursuivent.

Voilà pourquoi, nous le répétons, il faut bien se garder de comparer l'amour maternel à l'amour divin, et de le croire, comme M. Louis Aigon, exempt de tout égoïsme.

L'amour maternel est un amour humain, et, comme tel, il est sujet à toutes les fluctuations qui agitent la nature humaine.

∴

La sévérité outrée à l'égard des enfants ne vaut pas mieux que la tendresse excessive.

La mère qui aura appris à aimer raisonnablement ses enfants saura tenir un juste milieu entre ces deux excès.

Pour cela, elle possède un criterium infaillible. Toutes les fois qu'il s'agit de ses enfants, qu'elle se pose, avant de rien décider, cette question que nous avons déjà formulée :

— *En quoi cela sera-t-il utile au bonheur de mes enfants ?*

Si elle répond avec sagesse et réflexion à cette question, elle sera assurée de ne jamais faire fausse route.

Nous allons, d'ailleurs, avoir l'occasion, dans les chapitres qui suivent, de développer les divers principes d'application pratique de la manière dont la mère doit aimer ses enfants.

CHAPITRE III

Obligations matérielles de la Mère.

§ 1.

Dès que la femme sait qu'elle doit être mère, elle contracte immédiatement des obligations, sur lesquelles peu d'épouses sont suffisamment éclairées, par suite des méthodes incohérentes qui président, à notre époque, à l'éducation des jeunes filles, — et que d'autres négligent de propos délibéré, plutôt que de sacrifier leurs habitudes, leurs aises, leurs plaisirs, ou le vain snobisme mondain de leur vie futile.

La première de ces obligations, c'est d'assurer, en s'astreignant à un régime physique et moral approprié, la naissance d'un enfant sain, vigoureux, bien constitué.

Nous n'avons pas à entrer dans les détails de ce régime. Le but de ce livre est tout autre : nous posons les règles morales qui régissent les fonctions de la mère. Des ouvrages spéciaux d'hygiène et de médecine, nombreux et pratiques, indiquent comment ces règles doivent être appliquées dans le détail.

Ce qu'il importe de faire ressortir ici, c'est que pendant la période qui précède la naissance, l'enfant est intimement solidaire de la mère, et que, tout ce qui agit sur elle, réagit sur lui.

De là, la nécessité qui s'impose à la mère de régler sa vie d'une manière normale, calme sans indolence, active sans excès, et surtout exempte de tout effort physique et de toute émotion morale qui pourrait avoir une influence nuisible sur le développement normal de l'enfant.

Les notions qui sont nécessaires à l'épouse pour remplir convenablement les premières fonctions de la maternité, elle les trouvera, comme nous l'avons dit, dans les livres bien faits qui ont été consacrés à ce sujet, — mais aussi et surtout, dans les conseils d'un médecin ou d'une sage-femme instruite, connaissant bien son tempérament. Elle les trouvera aussi auprès de sa mère, si elle vit encore, et, à son défaut, auprès des personnes de sa famille et de son entourage, qui ont déjà fait l'expérience de la maternité, et qui peuvent lui donner, à ce sujet, d'utiles indications.

Qu'elle se nourrisse, le plus possible, de l'expérience des autres, et qu'elle en fasse son profit.

En principe, tout ce qui est nuisible à la santé de la mère, est nuisible à la santé de l'enfant! Et, par *santé*, nous n'entendons pas seulement l'*absence de maladie*, mais aussi le fonctionnement normal de l'organisme.

C'est-à-dire que, tout d'abord, la mère doit avoir une nourriture saine, variée, abondante, d'autant plus abondante qu'elle est destinée non-seulement à l'entretien des fonctions de la femme, mais aussi au développement de celles de l'enfant. De cette nourriture, doit être éliminé, avec le plus grand soin, tout ce qui pourrait avoir une influence pernicieuse sur l'enfant : tous les mets et les condiments excitants, épicés, échauffants, constipants, indigestes, les boissons alcooliques ou acides. On doit y introduire, au contraire, tout ce qui est rafraîchissant, léger, facile à digérer et très nutritif.

Trop de futures mères ont une tendance exagérée à l'inaction. Un exercice modéré est aussi nécessaire à la santé de l'enfant qu'à celle de la mère. L'indolence prédispose à l'échauffement, à la constipation, malaises fréquents pendant cette période de la maternité, et nuisibles aux deux organismes dont l'un dépend si intimement de l'autre.

Ces malaises et, d'une manière générale, toutes les indispositions, doivent être soignés et arrêtés dès le début, afin qu'il n'en résulte aucune conséquence fâcheuse.

La femme peut continuer à se livrer aux occupations habituelles qu'elle avait dans son ménage, en les interrompant par des intervalles suffisants de repos, lorsqu'elle éprouve la moindre fatigue. Mais elle doit éviter avec soin les travaux pénibles et les efforts violents : cirer le parquet, soulever ou transporter des objets lourds, etc. Les meilleurs des exercices, pour elle, ce sont des promenades prolongées, en plein air, avec des repos qu'indique suffisamment la lassitude qui se produit de temps en temps. Les parties de campagne sont favorables, à la condition de s'abstenir de *courir* et de *sauter*.

Ce qui est inadmissible, c'est que l'on se livre aux plaisirs de la danse, à l'exercice de l'équitation et de la bicyclette.

Pour les mêmes raisons, nous conseillons même de supprimer la simple assistance aux bals et soirées, et la fréquentation des théâtres.

Toute veille prolongée, qu'entraînent fatalement ces réunions et ces spectacles, est une cause de fatigue pour la mère et pour l'enfant. Mieux vaut ne pas s'y exposer.

D'une manière générale, s'abstenir de tout ce qui n'est pas conforme à la saine hygiène et à la vie normale.

Au point de vue moral, les mêmes précautions sont à prendre.

Que la mère évite, et qu'on lui évite avec sollicitude, les tracas, les soucis, les préoccupations, — à plus forte raison les chagrins et les émotions fortes. Ce qui lui convient le mieux, dans ces circonstances, c'est la tranquillité d'esprit, une douce gaîté, des conversations agréables, des distractions peu fatigantes.

Celle qui se conformera à ces principes généraux pourra attendre, avec confiance, la naissance de son enfant.

∴

Mais, dès qu'il est né, l'enfant a des besoins qu'il faut avoir prévus d'avance.

Plusieurs mois avant qu'il voie le jour, la mère doit se préoccuper des nouvelles obligations que va lui imposer la venue au monde du petit être, chair de sa chair, vie issue de sa vie, âme humaine que Dieu a mise à sa charge.

Que lui a-t-on appris sur le rôle qu'à ce moment, elle sera appelé à remplir? Rien ou peu de chose.

Il est donc indispensable qu'elle s'instruise de ses devoirs et de la manière dont il lui sera possible de s'en acquitter.

De même que pour ce qui concerne l'hygiène de la future mère, il y a pour l'hygiène du nouveau-né, de multiples écrits qui sont de bon conseil. Mais les meilleurs conseils sont ceux du médecin qui connaît le mieux le tempérament de la mère, et surtout ceux des femmes d'expérience qui ont déjà fait l'apprentissage de la maternité.

Dans tous les cas, la future mère a mille sources d'informations pour apprendre ce qu'elle aura à faire lorsque naîtra son enfant, et pour s'y préparer.

Et il faut bien reconnaître que cette prévoyance est rarement en défaut et que les layettes sont toujours prêtes longtemps à l'avance.

Mais, la layette, c'est loin d'être l'essentiel, quelle que soit sa réelle importance. Ce n'est qu'une infime partie de l'ensemble des prévisions indispensables pour assurer la vie et la prospérité du nouveau-né.

L'hygiène infantile est toute une science dont aucune mère ne peut se désintéresser sans faillir à sa tâche. Il est important qu'elle soit bien renseignée d'avance sur la fragilité du petit être et sur son extrême sensibilité au froid; — sur les soins de propreté qu'il exige dès sa naissance et dans la suite; — sur le premier régime qui lui convient dans la phase de transition qu'il éprouve en venant au monde, alors que ses poumons s'ouvrent soudainement à l'air atmosphérique, et son système digestif à une nouvelle alimentation.

La meilleure des mères, c'est celle qui, dans ces circonstances, au lieu d'être vouée à l'incertitude et à la routine, — agit avec clairvoyance et décision, — et qui a eu la prévoyance d'apprendre à fond et d'une manière pratique, ce que doit être l'ensemble du régime du nouveau-né.

∴

« Après que le petit enfant est né, une vraie mère le doibt nourrir et alaicter de ses mamelles, qui est la belle fontaine que dame nature, sage et provide, a préparée à cet effet... Et quel passetems plus grand pourroit avoir une femme en ce monde que celui qu'elle a en alaictant ses enfants, des quels le petit patois et gergon gratieux, la difficulté de la prolation de leurs mots, le rys souef et amoureux, la joyeuseté qu'ils donnent à la maison, passe tous les badins du monde ? »

Ainsi parlait Monseigneur Patrice de Sénès, évêque de Caïete, dans *Le Livre de la police humaine*, p. 75.

Et l'on se rendra compte qu'il ne s'agit pas là d'une déclamation à la Jean-Jacques Rousseau, ce sentimental *à froid*, perverti et pervertisseur, l'un des plus malfaisants déprimeurs d'âmes dont l'humanité ait subi la funeste influence.

En son vieux français primesautier et naïf, Mgr de Sénès exprime simplement le devoir naturel de la mère et les exquises joies qu'elle éprouve en allaitant son enfant. Et combien son langage sans recherche est plus éloquent et convaincant que les périodes creuses et ampoulées sorties du cerveau incohérent du Génevois qui a déformé toutes les vérités humaines !

Aussi ne ferons-nous pas aux mères l'injure de leur citer Jean-Jacques !

Nous leur dirons, plus simplement : *Si vous pouvez allaiter votre enfant, sans dommage pour vous, sans dommage pour lui, ne vous refusez pas à ce devoir.*

Nos raisons ne sont pas un sentimentalisme romantique et ridicule. Elles sont beaucoup plus positives.

Le meilleur aliment qui convienne à votre enfant, nourri jusqu'alors de votre sang, c'est votre lait, qui emprunte ses principes constitutifs à ce même sang. Si vous substituez à votre lait celui d'une autre femme, à plus forte raison celui d'un animal, vous obligez l'organisme naissant à une adaptation beaucoup plus pénible et qui peut lui être nuisible. Vous substituez, à sa nourriture naturelle, une nourriture factice.

En second lieu, l'influence héréditaire de la mère sur l'enfant, commencée par le sang, se continue par le lait. Il est indubitable que l'enfant suce, avec le lait, quelques-uns des caractères physiques et même mentaux de sa nourrice. Il est avéré que l'alcoolisme, les diathèses morbides et certains instincts se transmettent avec le lait.

Cette conviction n'est pas récente.

On connaît ce trait émouvant de Blanche de Castille. Pendant qu'elle allaitait celui qui devint Saint Louis, — appelée par ses devoirs de reine, elle avait confié l'enfant à l'une des dames de la cour, qui, justement, était également mère d'un fils, qu'elle nourrissait. Le petit Louis ayant pleuré, la dame pour l'apaiser, et croyant bien faire, lui offrit le sein, que l'enfant prit avidement. Blanche de Castille, survenant sur ces entrefaites, n'adressa aucun reproche à sa dame de compagnie, mais, enfonçant son doigt dans la gorge de l'enfant, elle lui fit rendre tout le lait qu'il venait de boire, ne voulant pas que son fils eût dans les veines d'autre sang que le sien.

Une troisième considération a trait à l'ensemble des soins que reçoit l'enfant qui reste dans les bras de sa mère, comparativement à ceux qui lui seront donnés par des mercenaires.

Mais admettons même qu'une nourrice salariée s'éprenne pour l'enfant d'une tendresse toute maternelle, donnera-t-elle à son évolution la même direction que lui aurait donnée la mère ?

Cet enfant croîtra sans vous, en dehors de vous, et les premières impressions qu'il recevra, ineffaçables, influeront sur sa vie entière. Si elles sont bonnes, tant mieux ! Mais quelle garantie avez-vous qu'elles le seront?

L'affection de l'enfant, ce trésor du cœur que recueille avarement une mère aimante, ira tout d'abord à sa nourrice, et vous aurez beau faire, jamais elle ne vous reviendra comme si vous aviez rempli vous-même la fonction essentiellement maternelle de l'allaitement.

Mais il y a un phénomène psychologique plus grave encore. C'est que cet enfant, auquel vous avez refusé, dès sa naissance, le don que la nature avait préparé pour lui, *vous ne l'aimerez jamais vous-même autant que si vous l'aviez allaité.*

De toutes les conséquences funestes du défaut d'allaitement des enfants par leur propre mère, je considère celle-là comme la plus déplorable, parce que tout ce qui tend à affaiblir l'amour maternel sape par la base les lois morales de la famille et de l'humanité.

Donc, allaitez vos enfants, si vous le pouvez sans dommage, — et surtout ne cherchez pas de faux prétextes pour vous exagérer les difficultés de cette tâche.

§ 2.

L'allaitement est la fonction essentielle de la maternité à ses débuts ; mais celle-ci en comporte plusieurs autres sur lesquelles il importe d'attirer sérieusement l'attention de la mère.

Le petit enfant ne prospère qu'au prix de mille soins physiques. Il ne suffit pas de l'alimenter suffisamment et intelligemment, — il faut aussi le préserver du froid, auquel il est très sensible, et veiller à ce que toutes ses fonctions s'accomplissent normalement.

Au début, ces fonctions sont presque exclusivement celles de la digestion, et le sommeil.

Une mère soucieuse d'accomplir tout son devoir s'instruira minutieusement de ce qui concerne la physiologie de l'enfant pendant les premiers mois de son existence. Pour cela, elle a, d'une part, des livres fort bien écrits, — d'autre part les conseils des personnes qui sont vraiment expérimentées et clairvoyantes.

La grande préoccupation de la mère, c'est de travailler, de toutes ses forces, au développement d'un enfant sain, vigoureux, bien constitué et normalement développé. Il y a, pour cela, des règles précises, bien connues, clairement exprimées dans les manuels d'hygiène infantile : la mère n'a qu'à s'y conformer.

Elles se résument, au fond, à quelques principes assez simples :

1° Donner à l'enfant une nourriture absolument saine, suffisante, abondante même, sans être excessive, et toujours conforme à ce qu'exige son âge, son tempérament, son état de santé. Pas de nourritures ni de boissons de fantaisie, friandises, etc. Tout cela est particulièrement malsain.

2° L'habiller de vêtements chauds, simples, faciles à changer fréquemment et à nettoyer, — en évitant tout ce qui peut entraver la circulation, comprimer le corps et les membres et leur donner une mauvaise conformation, gêner les mouvements.

3° L'entretenir dans un état de propreté absolue, quels que soient le temps, la peine, la dépense que cette sujétion puisse exiger. C'est la condition essentielle de la santé de l'enfant.

4° Lui faire faire le plus d'exercice possible au grand air.

5° Être attentif à ses moindres malaises, aux moindres troubles de ses fonctions physiologiques, afin d'intervenir à temps, et de le préserver efficacement des nombreuses maladies auxquelles sont sujets les jeunes enfants.

* * *

Nous voici arrivé à un endroit de ce livre où nous sommes obligé de donner aux mères un conseil qu'il leur sera bien difficile de suivre.

Mais comme c'est peut-être un des plus importants de ce chapitre, nous insisterons et nous le formulerons de la façon suivante :

« Mères ! ne soyez jamais pressées de voir vos enfants se développer rapidement en quoi que ce soit ! Ce n'est pas un bien ! Donc, soyez patientes, et attendez que la nature, la meilleure et la plus clairvoyante des mères, parce qu'elle obéit strictement aux lois du Créateur, amène normalement, à son heure, le développement que vous désirez, le premier sourire, la première dent, le premier pas, le premier mot, et tout le reste ! »

L'impatience maternelle, le désir immodéré de voir l'enfant croître et agir vite, sont la source de bien des imprudences nuisibles.

Je ne saurais mieux comparer la hâte d'une mère de voir « pousser » rapidement son enfant, et d'entendre murmurer flatteusement à ses oreilles : « Comme il est avancé pour son âge ! » — qu'à l'impatience d'une jeune fille dont voici la véridique histoire.

Mlle B*** s'était adonnée successivement, mais avec un égal enthousiasme, à des occupations variées : pyrogravure, timbrophilie, élevage des tortues (parfaitement !) pêche aux grenouilles, etc., et les avait abandonnées avec le même entrain, après que chacun de ces divers goûts eut brûlé comme feu de paille pendant quelques semaines.

Un jour, elle vint me trouver et me dit :

— J'ai envie de faire du jardinage, mais.... pas comme tout le monde. Planter des pieds tout venus, cela n'a rien d'amusant. Je voudrais semer des graines dans des pots, et voir les plantes sortir des graines, pousser, se développer, fleurir, faire de nouvelles graines que je resèmerais et ainsi de suite !... Seulement, vous le savez, je ne suis guère patiente. Je voudrais que vous me disiez quelles sont les graines qui poussent le plus vite !

— Semez des haricots d'Espagne ! lui répondis-je.

— Et cela durera ?...

— En cette saison, en humectant la terre, huit jours au plus !

— Oh ! que c'est long !

— Le haricot germe avant, mais il faut ce temps à la tige pour sortir de terre.

Cette dernière indication, que j'avais donnée à Mlle B*** sans en prévoir toutes les désastreuses conséquences, fut fatale à ses haricots d'Espagne.

Car, dès le lendemain de ses semailles, elle alla gratter la terre pour voir si ses haricots n'avaient pas déjà germé. Elle y retourna le surlendemain et les jours suivants, si bien que, le huitième jour, non seulement les plantes ne sortaient pas de terre, mais les germes étaient complètement flétris.

Les premiers jours, lorsque les grains se fendirent et que le germe apparut, Mlle B*** sautait de joie et battait des mains, en criant : « Çà pousse ! Çà pousse ! »

— Comment le savez-vous ? lui demandai-je.

— J'ai gratté la terre !

— Prenez garde! Trop gratter nuit !

Effectivement rien ne vint à bien. J'y perdis ma réputation de botaniste, et Mlle B** le goût du jardinage. Heureusement, elle en a eu beaucoup d'autres depuis.

Eh bien! La maternité, — s'il m'est permis de comparer dans une certaine mesure, cette fonction sublime à un passe-temps ordinaire, — est une sorte de jardinage qui exige plus de patience encore que la culture des haricots d'Espagne.

Les enfants ne poussent pas vite !

Il n'est même pas bon qu'ils poussent vite : trop de précocité nuit plus ou moins, soit à leur développement physique, soit à leur développement intellectuel et moral. Chaque progrès doit venir à son heure, normalement, sans hâte.

La principale préoccupation de la mère doit être, — non pas de voir s'éveiller prématurément chez l'enfant les premières manifestations de l'intelligence, — mais de faire de lui, suivant l'expression du philosophe américain Émerson, « un bon animal ! »

Faire un bon animal! Qu'est-ce à dire? Pas autre chose que ceci : développer chez l'enfant, avant tout, une constitution physique vigoureuse comme celle que l'on recherche chez le bœuf et chez le cheval. Par conséquent, travailler à développer chez lui la musculature et l'ossature, la largeur de la poitrine, la force et l'agilité des membres ! En faire un être robuste, bien taillé pour la lutte de l'existence, et capable de se frayer une route à coups de coudes et à coups de poings.

Tout le reste viendra par surcroît !

Comme votre enfant n'est pas un animal ; -- comme il a, sur le bœuf et le cheval, cette supériorité que son corps matériel loge une âme humaine, celle-ci se développera avec d'autant plus de vigueur, lorsque le moment sera venu, que le logement que vous lui aurez fait sera lui-même plus sain, plus robuste, moins sensible aux faiblesses et aux maladies.

Car, si notre âme est immortelle, elle est, en revanche, liée momentanément au corps par des organes matériels, de l'intégrité et de la vigueur desquels dépend son bon fonctionnement normal.

Voilà pourquoi nous disons à la mère : « Ne vous préoccupez pas d'avance de l'intelligence de votre enfant. Commencez par lui faire un bon cerveau, et pour cela, faites-lui, par des soins et des exercices physiques appropriés, une solide individualité physique, dont tous les ressorts fonctionnent avec précision. Le cerveau d'un homme vigoureux et bien portant fonctionne toujours bien.

C'est le *mens sana in corpore sano* des Latins.

La plupart des déséquilibrés sont des rachitiques et des débiles.

Toute culture anticipée du cerveau, autre que la culture physique, serait plus nuisible qu'utile. On a, maintes fois, sous les yeux, des exemples d'enfants précoces, intellectuellement parlant, et dont le corps éprouve le contre-coup désastreux de ce développement anormal, venu avant l'heure.

On aurait tort de considérer comme une banalité sans valeur le proverbe qui dit : « Quand ils ont trop d'esprit, les enfants meurent jeunes. »

C'est l'expression d'un fait d'observation, bien et dûment constaté au cours de tous les siècles. En règle générale, un développement *prématuré* des facultés intellectuelles est fatal à la santé et abrège l'existence.

Donc, mères, ne vous pressez pas ! Développez le corps, fortifiez-le, accoutumez-le à l'effort, à la fatigue, aux exercices physiques.

Ne grattez pas le haricot ! Attendez que la petite pousse intellectuelle sorte de terre toute seule. Elle viendra assez tôt ! Et elle viendra d'autant mieux, avec d'autant plus de vigueur, qu'elle aura poussé *naturellement.*

⁂

Certes, la hâte maternelle d'assister au développement de toutes les facultés de l'enfant est des plus légitimes. Elle est une conséquence toute naturelle de l'amour de la mère pour cette œuvre vivante en laquelle elle se complaît.

Craignez cependant qu'il ne s'y mêle ce sentiment de vanité maternelle que nous avons déjà eu l'occasion de signaler, et qui, trop souvent, obéit plutôt aux exigences d'une satisfaction personnelle qu'à celles des intérêts bien entendus de l'enfant.

Voici une mère qui expose à une autre les mérites transcendants de son fils :

— Il n'a encore que quatre ans, madame. Eh bien ! il avait de telles dispositions pour la musique, que nous lui avons fait apprendre le piano, et il joue déjà à quatre mains !... Et le vôtre !

— Oh! le mien?... Bien qu'il ait le même âge que le vôtre, il ne joue encore qu'à quatre pattes!

La réponse est caustique, — inventée, sans doute, — mais bien inventée, car elle fait ressortir l'opposition de deux psychologies maternelles.

La première des mères, plus vaniteuse que clairvoyante, n'a pas craint d'astreindre un enfant de quatre ans à l'exercice du piano, dont toutes les observations médicales modernes ont dénoncé la malfaisance au point de vue de la santé, surtout avant l'âge adulte.

La seconde, au contraire, a assez de bon sens pour laisser son fils, qui a déjà quatre ans, se traîner encore à quatre pattes, parce qu'elle juge que cela peut être utile à son développement physique.

Quelle est la meilleure, c'est-à-dire la plus aimante et la plus intelligente des deux mères? C'est incontestablement la seconde. Son fils est certainement *mieux portant* et *plus heureux* que le petit prodige qui joue à quatre mains, *et surtout j'augure mieux de sa santé et de son intelligence dans l'avenir !*

Je trouve que le grand bon sens de Montaigne n'a pas été jusqu'au bout de sa saine logique, ou que du moins il l'a incomplètement exprimée dans cette phrase des *Essais :*

« Ce n'est pas assez de roidir l'âme de l'enfant; il faut *aussi* lui roidir les muscles. »

J'aurais écrit :

« Pour pouvoir roidir l'âme de l'enfant, il faut, *avant tout*, lui roidir les muscles. »

En commençant par fortifier le corps, on dispose d'une base solide pour fortifier l'âme. Si, au contraire, on veut réveiller l'âme avant que le corps ait été amené au degré voulu de maturité, on épuise celui-ci, sans tirer grand parti de l'autre, puisque, normalement, ils doivent se développer tous deux parallèlement.

C'est ce qu'exprime ainsi un moraliste dont j'ai relevé cette maxime non signée :

« Stimuler indiscrètement l'intelligence d'un enfant, c'est secouer un flambeau pour le faire brûler plus vite. »

C'est toujours l'histoire des haricots d'Espagne de Mlle B***.

Mères, ne vous pressez pas d'éveiller avant l'heure l'âme de vos enfants. Dans leur intérêt, pour leur bonheur présent et à venir, laissez-là s'éveiller lentement d'elle-même.

Rien n'est plus solide et ne dure davantage que ce qui a été accompli avec la collaboration du *temps*.

CHAPITRE IV

Obligations intellectuelles de la Mère.

§ 1.

Ne vous pressez pas, répéterons-nous à la mère, de chercher à exciter artificiellement l'intelligence de l'enfant, et cela pour une autre raison, plus démonstrative encore que celles exposées dans le chapitre précédent : c'est que votre intervention est complètement inutile et qu'elle peut même être nuisible.

Elle est inutile, parce qu'au moment où elle se produit, il y a bien longtemps déjà que l'intelligence de votre enfant s'est éveillée et qu'elle fonctionne normalement. Il y a bien longtemps que, sans que vous vous en doutiez, il apprend et sait déjà une foule de choses.

Dès le premier mois de son existence, lorsqu'il ouvre les yeux et les tourne vers la lumière ; lorsqu'il agite les mains et saisit les objets que rencontrent ses doigts, ou qu'il porte ceux-ci à sa bouche ; quand son regard, de plus en plus assuré, va d'un objet à l'autre ; lorsqu'un bruit lui fait tourner la tête ; — savez-vous ce qu'il fait ?

A cette école, où il n'y a ni vacances, ni congés, non seulement votre enfant apprend constamment, mais il fait des progrès rapides. Vous ne vous en apercevez pas, parce qu'il ne peut pas encore manifester visiblement l'importance de son bagage scientifique. Celui-ci n'en est pas moins réel.

La preuve?... La preuve, c'est qu'un beau jour, il vous sourit, il vous reconnaît parmi tout le monde, il reconnaît *votre voix*. Croyez-vous que cela lui soit venu spontanément, ce jour-là? Pas du tout! Il lui a fallu une longue initiation pour connaître le milieu duquel il reçoit mille impressions disparates. Il lui a fallu, parmi ces impressions, faire des distinctions, établir des *catégories* (comme Aristote), et construire, dans son esprit, *une notion des êtres*, avec les éléments incomplets qui lui venaient *uniquement des sens*.

Vous rendez-vous compte du travail immense, mais sagement gradué par la nature, qui s'est accompli dans ce petit cerveau, pour que l'enfant, un jour, *reconnaisse sa mère?*

C'est ainsi que, peu à peu, il connaîtra toutes choses, *parce qu'il les reconnaîtra*.

Car *connaître*, ce n'est pas autre chose que *reconnaître*.

*
* *

Le développement du cerveau de l'enfant ne suit pas une autre marche que le développement de ses facultés locomotrices.

Voyez comment il s'y prend pour faire son premier pas. Il hésite, il titube, il cherche son équilibre, il étudie expérimentalement, — tout comme Newton, — les lois de la pesanteur et de la chute des corps.

Vous souriez de ses efforts, — mais, pour lui, c'est une grande entreprise que de mettre, pour la première fois, un pied devant l'autre, et il ne s'y risque qu'avec anxiété et avec les plus minutieuses précautions. On dit qu'il n'y a que le premier pas qui coûte !... Mais il coûte beaucoup.

Eh bien ! Il y a la même hésitation, la même difficulté, dans la marche des idées du petit enfant. Chacun de ses progrès intellectuels est comme un premier pas dans une voie nouvelle.

Voyez ce qui se passe pour le langage enfantin, dont le bon évêque de Caïete signalait déjà « la difficulté de prolation des mots. »

Pendant longtemps, les bébés entendent et écoutent les paroles qui s'échangent autour d'eux, ou qui s'adressent à eux, car, dès le premier jour, les mères leur parlent, comme la petite fille parle à sa poupée.

Ces paroles ne sont, tout d'abord, pour l'enfant, que des sonorités sans signification, et lorsque, poussé par son instinct naturel d'imitation, il cherche à les reproduire, il n'émet que des vagissements inarticulés, ou faiblement articulés par les consonnes les plus faciles à prononcer, *g* dur, *b*, *p*, *m*.

Mais, constamment, le petit enfant écoute, et si vous vous donnez la peine de l'observer attentivement, vous remarquerez qu'il essaie, à voix basse, de reproduire les sons articulés qui le frappent. Personnellement, j'ai observé, *des milliers de fois*, les mouvements de ses lèvres et de sa langue, s'essayant à la prolation des mots. Et ce n'est que lorsqu'il est parvenu à les prononcer à voix basse, qu'il se risque à les émettre à haute voix.

Et alors, remarquez comme il est satisfait du résultat obtenu ! Il répète indéfiniment la même syllabe, il s'assure qu'il la prononce bien, *il en prend possession !*

Mais, la première fois qu'il dit *papa* et *maman*, ne croyez pas que ce soit l'effet d'un déliement spontané de sa langue. Il a fallu que, pendant longtemps, il entende ces deux mots (qu'on ne se lasse pas, d'ailleurs, de lui répéter), et qu'il s'exerce silencieusement à les prononcer avant de les dire à haute voix, -- non pas, certes, par amour-propre, — mais par un effet de cette hésitation trébuchante qui a accompagné également son premier pas.

Soyons persuadés que, chaque fois que se manifeste chez l'enfant un nouveau progrès, celui-ci a été précédé d'une longue période de préparation et d'élaboration, qui a coûté de l'attention, de la réflexion, des tentatives réitérées, avant que, tout d'un coup, un nouveau mot sorte des petites lèvres.

Cela est si vrai que, lorsqu'il a commencé à babiller, plus assuré désormais dans son élocution, le bébé augmente rapidement le nombre des mots de son répertoire. Mais, ne vous y trompez pas : ces mots, ce n'est pas au moment où il les prononce qu'il vient de les apprendre. Il y a longtemps qu'il les a entendus, et que, peu à peu, ils sont entrés dans sa mémoire, se sont précisés et ont pris pour lui une signification qui lui permet de s'en servir.

C'est de la même manière, c'est-à-dire, empiriquement, qu'il apprend la grammaire et même la syntaxe de la langue qu'on lui parle, — et, ce qu'il y a de plus remarquable, pour un philosophe, ce n'est pas cette extraordinaire assimilation de règles logiques d'une complication extrême par un cerveau d'apparence débile, — c'est que tout le monde trouve ce phénomène merveilleux tout naturel.

Il est naturel, il est vrai, puisqu'il se produit en vertu des puissances d'assimilation que Dieu a mises dans la nature humaine, dès le berceau. Par cela même, il vient à l'appui de ce que nous disons aux mères dans ce chapitre :

« Laissez la nature apprendre à l'enfant tout ce dont il a besoin, au fur et à mesure de son évolution. Elle est plus habile que vous, et, en intervenant dans son œuvre, vous ne pourriez que nuire à celle-ci. »

*
* *

Mais alors, quelles sont vis-à-vis de l'intelligence de l'enfant, les obligations de la mère ?

Elles sont, surtout dans les premiers temps, principalement négatives, — c'est-à-dire qu'elles se bornent à ne pas intervenir dans l'enseignement que l'enfant reçoit de la nature, de crainte d'y apporter quelque trouble et de le retarder au lieu de l'avancer.

Ce principe de conduite de la mère à l'égard de l'enfant découle logiquement de tout ce que nous avons dit et de ce que nous dirons encore du programme et de la méthode d'éducation que la nature emploie pour le développement des jeunes intelligences.

Tout s'enchaîne dans l'enseignement *naturel* des esprits enfantins et aucune notion nouvelle ne leur est présentée sans qu'ils y aient été longuement préparés. Voilà pourquoi l'enfant apprend spontanément une foule de choses, tandis qu'il s'assimile péniblement ce que nous voulons lui apprendre.

C'est que nous n'appliquons pas la méthode naturelle !

Le principe de cette méthode est cependant assez visible : c'est *une série d'expérimentations !*

L'enfant, qui a acquis ses premières notions à tâtons, par les sens, continue de même. Et les seules connaissances qui se graveront ineffaçablement dans son esprit, ce sont celles qu'il aura reçues *de l'expérience !*

Nous, nous voulons faire de l'enseignement didactique ! Pour parler à cette jeune âme encore entièrement plongée dans le concret, nous employons les arguments d'une logique abstraite. Comment pourrions-nous être compris ?

D'ailleurs, cette incompréhension des procédés par lesquels l'esprit humain progresse insensiblement de vérités en vérités, domine l'ensemble de toutes les méthodes artificielles d'enseignement imaginées, non seulement pour la première enfance, mais aussi pour la jeunesse, les adultes, et même pour l'âge mûr.

Ces méthodes, construites *a priori* par des théoriciens, présupposent que tous les esprits ont *la même réceptivité*, à n'importe quel âge, et sans la moindre préparation antérieure, *pour toutes les vérités.*

C'est une des plus folles aberrations qui soient sorties des rêves de Rousseau sur l'*égalité.*

En réalité, la réceptivité intellectuelle du cerveau humain, indéfiniment variable suivant les individus, se modifie incessamment, chez le même individu, en raison des circonstances et des notions déjà acquises.

Si bien que les mêmes expériences n'instruisent pas de la même manière les différents individus, – que la même leçon ne pénètre pas de la même façon dans tous les cerveaux, — et que certaines vérités restent toujours lettre close pour certains hommes.

En règle générale, l'esprit de l'enfant, comme l'esprit de l'homme, ne reçoit et ne s'assimile que les notions auxquelles ses acquisitions précédentes l'ont préparé.

Voilà pourquoi nous disons à la mère :

« Inutile de vous presser. Au moment où l'esprit de votre enfant sera réellement prêt à recevoir une nouvelle notion, il l'acquerra spontanément. En voulant hâter son instruction, que faites-vous ? Vous présentez à son esprit des problèmes auxquels il n'est pas préparé et qu'il est impuissant à résoudre. Vous lui parlez un langage qu'il ne comprend pas. Vous l'obligez à un effort pénible sans résultat utile, alors qu'il aurait pu employer fructueusement ses facultés à une assimilation facile, parce qu'elle était à sa portée... Encore une fois, laissez faire la nature, qui saura, mieux que vous, instruire votre enfant. »

Que si cette inaction vous pèse, si vous tenez absolument à travailler au perfectionnement du petit être, eh bien ! apprenez-lui ce que la nature ne peut lui apprendre.

Ne lui apprenez pas de mots nouveaux (il les apprendra spontanément lorsque le moment normal sera venu), mais habituez-le à bien prononcer ceux qu'il sait !

Voilà, mères, l'œuvre la plus utile que vous puissiez faire !

Vous vous contentez d'ordinaire, trop facilement, d'une prononciation quelconque des mots. Que dis-je ? Vous n'êtes pas loin d'admirer la drôlerie avec laquelle votre bébé les déforme, et, pour l'encourager, vous prenez l'habitude de les prononcer de travers comme lui.

Je vous entends d'ici jaser tous les deux :

— Maman, *sotolat !*

— Oui, mon mignon, voilà du *sotolat !*

C'est évidemment très amusant, et il m'en coûte de contrarier vos jeux, mais je vous assure, Madame, qu'il vaudrait beaucoup mieux, lorsque l'enfant dit *sotolat*, que vous lui répétiez, à satiété, *chocolat*, et que vous lui refusiez cette friandise, jusqu'à ce qu'il s'habitue à prononcer ce mot comme il doit être prononcé.

Pourquoi ? Mais toujours pour le même motif, qui est le principe générateur de toutes les obligations de la maternité, et qui fait l'âme même de ce livre ; — c'est que votre enfant ne restera pas toujours bébé, et que, par conséquent, il viendra un moment où il ne sera plus du tout drôle de l'entendre dire *sotolat*. Alors, vous ferez des efforts inouïs pour lui faire perdre cette habitude que vous avez contribué vous-même à enraciner en lui.

Pourquoi ne pas le faire tout de suite, au moment où il importe le plus de lui délier la langue ?

Je prévois l'objection que vous pourriez me faire. De même que le cerveau, — pourriez-vous me dire, en m'empruntant mes propres arguments, — la langue a besoin d'une préparation avant de pouvoir arriver à prononcer certaines consonnes.

Il y a du vrai là-dedans, mais ne vous hâtez pas de triompher, car le cas n'est nullement le même.

Lorsqu'il s'agit du cerveau, nous ne pouvons savoir quand il est prêt, et quels exercices nous devons lui faire faire pour hâter sa maturité.

Pour la langue, il en est tout autrement. Il s'agit ici d'une fonction physique, dont les effets sont sensibles, et sur laquelle nous avons prise par l'exercice. Or, cet exercice, il nous est facile de le préciser et de le mettre en œuvre. Il n'y a pas de tâtonnements à faire pour amener un enfant qui prononce *sotolat* à prononcer *chocolat*, — pas d'arguments à développer. Il n'y a qu'à lui faire répéter le mot, — avec promesse de chocolat à la clef, — jusqu'à ce qu'il appelle ce qu'il aime, comme il convient !

Ceci n'est, évidemment, qu'un exemple, dont les principes sont applicables à tout autre mot.

Un défaut non moins fréquent dans le parler des enfants, mais tout aussi fâcheux, consiste à ne pas *articuler* nettement les mots, — à « manger ce qu'ils disent, » suivant une phrase vulgaire des plus expressives.

C'est là encore une particularité éducative dans laquelle la mère peut intervenir efficacement pour seconder la nature.

Ce point est beaucoup plus important qu'il ne paraît l'être au premier abord. Dans la vie, il importe de parler clair et net. Le langage pâteux d'une personne qui paraît toujours avoir de la bouillie plein la bouche peut donner lieu aux plus fausses interprétations.

En voici un exemple qui ne manque pas de piquant, emprunté à Ed. Mennechet, l'auteur des *Études sur la lecture à haute voix* :

« J'étais arrivé dans une auberge, dit-il, attendant le passage de la diligence, — lorsque je vis entrer deux gendarmes qui conduisaient à son régiment, pour y être jugé, un malheureux réfractaire. Les deux gendarmes demandèrent à manger pour eux et leurs chevaux, sans perdre de vue le soldat, qui se laissa tomber sur la terre plutôt qu'il ne s'y coucha, tant sa fatigue paraissait extrême. Il était pâle, défait, abattu, et une souffrance visible altérait ses traits.

« Je m'approchai de lui et lui demandai s'il était malade.

« — Non, me répondit-il d'une voix éteinte, mais je marche depuis vingt-quatre heures, et depuis vingt-quatre heures je n'ai pas mangé.

« Je donnais l ordre de lui apporter quelque nourriture, lorsque les gendarmes me dirent que M. le procureur du roi leur avait recommandé de ne *le laisser manger de rien* pendant la route. Et le malheureux soldat ávait encore dix lieues à faire !

« Indigné, non moins que surpris, de cet ordre barbare, je ne cachai ni ma surprise, ni mon indignation, à ses gardiens, qui m'objectèrent de nouveau que tel était l'ordre qu'ils avaient reçu ; — et l'un d'eux, pour me prouver que j'étais dans mon tort en les accusant, tira de sa giberne la feuille de route où la consigne verbale que leur avait donnée le procureur du roi était renouvelée par écrit.

« Je prends le papier, je lis l'ordre fatal, et quel est mon étonnement d'y voir ces mots :

« Les gendarmes un tel et un tel conduiront à Tours, » à son régiment, le soldat un tel, et auront soin *qu'il* » *ne manque de rien* en route. »

« Il paraît que le procureur du roi avait si mal prononcé le mot *manque,* que les gendarmes avaient entendu *mange ;* — et la mauvaise prononciation d'un mot, si la Providence ne m'eût conduit là, eût sans doute causé la mort d'un homme.

« Les négligences de prononciation n'ont pas toujours, heureusement, des suites si graves ; mais ce n'en est pas moins un devoir de bien prononcer. »

Mères, veillez à ce que vos enfants ne *mangent* pas et ne *manquent* pas leurs mots.

∴

Même lorsque les enfants grandissent, la principale de vos obligations intellectuelles, c'est de ne pas intervenir artificiellement, d'après des méthodes *à priori*, dans l'évolution naturelle de leur esprit.

Ce qui est vrai du bébé, reste vrai du jeune enfant qui s'achemine graduellement vers l'adolescence. Sa *réceptivité* intellectuelle augmente peu à peu en vertu de lois naturelles que vous ne connaissez pas. Il ne comprend et ne s'assimile que les notions pour lesquelles son esprit est mûr; — toutes les autres, quels que soient les procédés que vous mettiez en œuvre pour les lui inculquer, glissent sur son cerveau sans y pénétrer, ou bien, ce qui est plus grave, s'y déforment et faussent la marche normale de son intelligence.

Mais à quoi reconnaître les notions pour lesquelles l'esprit de l'enfant est prêt? A toutes les phases de la vie humaine, du berceau à la tombe, les vérités pour lesquelles notre cerveau est prêt se reconnaissent à un criterium infaillible, — *notre curiosité !*

Il est extraordinaire que les mères, douées souvent d'une divination merveilleuse en ce qui concerne les besoins physiques et moraux de leurs enfants, — ne possèdent pas la même clairvoyance lorsqu'il s'agit de leurs besoins intellectuels.

Elles savent très bien lorsqu'il faut leur donner à manger ou à boire, leur adresser un encouragement ou un reproche, — et elles ne s'aperçoivent pas des nécessités, pourtant aussi exigeantes, de leur esprit.

Et cependant, cette nécessité, se révèle, d'une manière évidente, par leurs questions.

Comment est-il possible que tant de mères ne se rendent pas compte de l'importance capitale qui s'attache aux questions, même les plus naïves, que leur adressent leurs enfants?

Ce point est tellement essentiel que j'attire expressément toute leur attention sur ce sujet.

Toute question que formule votre enfant, — y compris celles qui vous paraissent les plus vaines et les plus dénuées de sens, — c'est une sorte de prière qu'il adresse à la vérité pour que celle-ci dissipe une obscurité de son esprit, et pour que son esprit s'élève toujours, de plus en plus haut, vers la lumière.

Cette question, c'est l'indice infaillible que son esprit a mûri, qu'il a acquis une réceptivité de plus, et qu'il a soif et faim de vérité, tout comme son corps a soif et faim de boisson et de nourriture.

Et lorsque vous restez indifférente ou sourde à cette question, lorsque vous la repoussez comme importune, ou que vous l'éludez par un détour quelconque, savez-vous ce que vous faites?... Vous refusez au fruit de vos entrailles un aliment plus essentiel que le lait de votre sein ou que le pain du corps, vous refusez à ce mendiant de vérité la lumière de l'esprit qu'il sollicite !

— Mère, supplie l'enfant, mes yeux se sont ouverts? Je voudrais voir cela !

— Reste aveugle ! Reste dans la nuit ! répond la mère.

La plus impérieuse des obligations intellectuelles de la mère, c'est de *donner le jour* à son enfant.

Ce n'est pas seulement en le mettant au monde que vous lui avez donné le jour. Tous les animaux en font autant !

Il faut maintenant *donner le jour* à son âme, c'est-à-dire l'illuminer de toutes les clartés qu'elle est susceptible de recevoir.

A quoi reconnaîtrez-vous le moment où s'épanouira sa réceptivité, et les clartés que vous devez lui donner? Tout ce chapitre a été consacré à vous en informer.

Ne vous fiez pas à votre propre sagesse, ou à celle d'éducateurs théoriciens qui vivent dans les nuages, et qui n'ont jamais eu l'idée de se rendre compte de ce qu'était, dans la réalité des choses, une âme d'enfant. *Tous les livres scolaires sont écrits pour la réceptivité de leurs auteurs*, et non pour celle des enfants.

Suivez les indications de la nature qui, au fur et à mesure qu'ils grandissent, incite vos enfants à vous demander tout ce dont ils ont besoin, tant au point de vue physique, qu'au point de vue moral et intellectuel.

Gardez-vous surtout de dédaigner et de négliger leurs demandes naïves, car c'est Dieu lui-même qui, lorsqu'Il juge le moment venu de leur donner la lumière, fait fleurir les questions sur les lèvres des enfants.

Nous aurons d'ailleurs, à revenir sur ce sujet dans le Chapitre VII, en insistant sur les multiples instincts que Dieu a mis dans la nature de l'enfant.

∴

Nous nous abstenons d'entrer ici dans les détails du rôle intellectuel de la mère, parce que cette question doit faire, tout au long, l'objet du dernier volume des *Quatre Livres de la Femme :* Le Livre de l'Éducatrice.

Il apprend !

Le monde extérieur commence à pénétrer en lui par tous ses sens.

Il est attentif à la lumière, aux couleurs, aux sons, et ses mains, en palpant ce qui est à leur portée, font l'expérience des diverses résistances des corps solides. *Il apprend la physique générale, votre bébé !* C'est-à-dire la physique indispensable à la pratique de la vie, et sur ce point, sachez que les plus grands physiciens n'en connaissent pas plus long que lui !

Il commence son apprentissage de l'existence, son expérience du monde, — apprentissage et expérience qui se continueront, désormais, sans interruption, du berceau à la tombe.

Oui, Madame !... Vivre, c'est apprendre !

Par cela seul qu'il vit, qu'il respire, qu'il tète, qu'il voit, qu'il entend, que tout son corps est en contact avec le milieu extérieur, votre enfant apprend constamment du nouveau.

Et savez-vous ce qu'il apprend ?

Ce que vous seriez tout à fait incapable de lui enseigner, parce que vous ne sauriez comment vous y prendre ; — tandis que la divine nature, la providentielle éducatrice, possède le secret merveilleux de l'éducation des bébés. Elle leur apprend tout ce dont ils ont besoin, rien que ce dont ils ont besoin, et cela, de la façon qui convient le mieux à la réceptivité actuelle des frêles élèves. Dans cet enseignement naturel, les programmes et les méthodes sont d'une perfection dont n'approcheront jamais les humaines inventions scolaires.

CHAPITRE V

Obligations Morales de la Mère.

§ 1.

Les obligations morales de la mère découlent directement de l'influence prépondérante que celle-ci exerce sur la formation de l'individualité morale de ses enfants.

Il en résulte, pour les mères, une telle responsabilité, qu'elles ne sauraient trop méditer sur la grandeur de la tâche qui leur incombe de ce fait, et sur les formidables conséquences qui peuvent résulter de l'oubli de leurs devoirs dans ce rôle important.

Et qu'elles ne se fassent pas l'illusion funeste que ces principes, comme ceux des théoriciens, reposent sur une vue idéale de la mission de la femme dans la société. Ceux qui me lisent ont pu se rendre compte que je ne me laisse jamais leurrer par l'idéalisme, que je ne fais jamais appel à des théories *à priori*, et que pour donner des préceptes de vie pratique, c'est la vie elle-même que j'interroge.

Lors donc que je dis aux mères : « Vos obligations morales sont d'une extrême gravité, parce que c'est de la façon dont vous les remplirez que dépend tout l'avenir de vos enfants ! » — c'est qu'une réalité vivante et inéluctable me le révèle.

Et je le prouve !

.·.

Quand se forme l'individualité de chacun de nous ?

Dès la plus tendre enfance, lorsque nous sommes encore dans les bras, sur les genoux, où sous l'influence immédiate de notre mère.

C'est une vérité tellement évidente, que tous les siècles, sans exception, l'ont proclamé, sans qu'il se soit jamais élevé une voix discordante pour prétendre le contraire.

Que dit Platon, dans sa *République?* (Livre II, p. 105, traduction Victor Cousin).

« En toutes choses, la grande affaire est le commencement, surtout à l'égard d'êtres jeunes et tendres ; car c'est alors qu'ils se façonnent et reçoivent l'empreinte qu'on veut leur donner. »

Que dit le bons sens incontesté de Montaigne ?

« Je trouve que nos plus grands vices prennent leur pli dès notre plus tendre enfance, et que notre principal gouvernement est entre les mains des nourrices. C'est passe-temps aux mères de voir un enfant tordre le cou à un poulet, et s'ébattre à blesser un chien et un chat. Et tel père est si sot de prendre à bonne augure d'une âme martiale, quand il voit son fils gourmer impérieusement un paysan ou un laquais, qui ne se défend pas ; et à gentillesse quand il le voit affiner son compagnon par quelque malicieuse déloyauté ou tromperie. Ce sont pourtant les vraies semences et racines de la cruauté, de la tyrannie et de la trahison. »

Il est bien certain que les sentiments qui durent toujours sont ceux qui naissent autour de notre berceau, — et la voix des vieillards nous répète assez que nos premières émotions sont aussi nos derniers souvenirs.

Il y a plus. Cette intuition inconsciente, ou pour mieux dire irraisonnée, que Dieu a mise en nous pour nous diriger, toute notre vie, dans le domaine psychologique, qui est le plus mystérieux de tous, et où l'intelligence la plus clairvoyante est sujette à l'erreur, — cette intuition, dis-je, est une sorte de voix de la nature qui confirme notre thèse.

Ainsi, il est indubitable que les premiers jugements que nous portons sur une personne, pendant les années de collège, ne s'effacent guère dans notre esprit. Après avoir perdu de vue un ancien camarade d'études, si nous le retrouvons dans la vie, nous le jugeons, sans y songer, d'après l'opinion qu'il nous aura donnée de lui dans son enfance ; notre estime ou notre mépris, notre admiration ou notre dédain, notre amitié ou notre haine, lui seront acquis d'avance, suivant le souvenir qu'il nous aura laissé. Les circonstances et l'âge auront en vain modifié depuis sa nature, et l'auront rendu différent de ce que nous l'avons connu ; l'impression qu'il a faite autrefois sur nous est restée, et ne pourra s'effacer que bien difficilement : c'est, che. nous, désormais, un préjugé d'enfance, c'est quelque chose de semblable à ces goûts de nourriture, à ces habitudes de vêtement, à ces formes, à ces idées que l'on prend dans l'âge des premières perceptions, et qui s'incorporent à notre être, au point d'en faire partie.

Les parents ne sauraient trop réfléchir à cette vérité; l'enfant devrait l'avoir sans cesse devant les yeux; sa conduite d'écolier a une importance qu'on ne lui suppose pas; c'est un surnumérariat de la vie; ses condisciples d'aujourd'hui seront ses concitoyens de demain. Ses défauts ou ses vices ne lui sont pas seulement préjudiciables pour le présent, ils lui préparent une mauvaise réputation dans le monde : s'il veut que, plus tard, son existence soit facile et honorée, il faut qu'il se conduise dès maintenant, de manière à trouver partout, à sa rencontre, des visages joyeux et des mains amicales. Écolier, il pose les premiers fondements de sa bonne renommée; car, comme on l'a dit avec une originalité piquante : « L'honnête enfant est un honnête homme qui n'a pas fini sa croissance. »

Comme on le voit, l'idée que le premier pli de la personnalité humaine se prend dès l'enfance, est générale, universelle, indéniable.

Mais dira-t-on, l'influence de la mère est-elle la seule qui s'exerce sur la formation du caractère de l'enfant? Non, ce n'est pas la seule, parce que l'enfant est une créature sensible, dont la réceptivité est ouverte à toutes les impressions, mais c'est la principale, surtout parce qu'elle peut et qu'elle doit éliminer les mauvaises impressions, ainsi que nous le verrons au Chapitre VIII.

∴

On admet assez volontiers que cette action prépondérante de la mère est surtout visible chez ses filles, sur lesquelles elle s'exerce d'une manière plus intime et plus prolongée que sur les garçons.

Nous affirmons que cette action a lieu avec une aussi grande puissance sur les garçons, et que le proverbe : « Telle mère, tel fils ! » est aussi vrai que celui : « Telle mère, telle fille. »

Par conséquent, la responsabilité maternelle reste aussi redoutable vis-à-vis de ses garçons que vis-à-vis de ses filles.

Interrogeons l'histoire.

Nous pourrions remonter jusqu'à Tacite, qui raconte que Cornélie, mère des Gracques, — Aurélie, mère de César, — Attie, mère d'Auguste, présidèrent à l'éducation de leurs enfants, dont elles firent des grands hommes.

Mais prenons les témoignages mêmes de ceux qui ont bénéficié de l'éducation maternelle.

Écoutez cette confidence de Henri IV, dans une lettre adressée à son épouse, Marie de Médecis, lettre qui n'était certainement pas destinée à la publicité :

« Ma mye, j'attendois d'heures à autre vostre lettre ; je l'ay baisée en la lisant ; je vous réponds en mer, où j'ay voulu courre une bordée par le doux temps. Vive

Dieu ! vous ne m'auryés seu rien mander quy me fust plus agréable que la nouvelle du playsir de lecture quy vous a prys. Plutarque me souryt tousjours d'une frayche nouveauté ; l'aymer, c'est m'aymer ; car il a esté l'instituteur de mon bas age. Ma bonne mère, *à laquelle je dois tout*, et quy avoyt une affection sy grande de veyller à mes bons départemens ; et ne vouloyt pas, se disoy-elle, voyr en son fils un illustre ignorant, me mit ce livre entre les mayns, encore que je ne fusse à peine un enfant de mamelle ; il m'a esté comme ma conscience et m'a dicté à l'oreille beaucoup de bonnes honestetés et maxymes excellentes pour ma conduyte et pour le gouvernement des affaires. Adyeu, mon cœur. »

— L'avenir d'un enfant, disait Napoléon Ier, est toujours l'ouvrage de sa mère !

Ce grand homme se plaisait à répéter que c'était à sa mère qu'il était redevable de sa haute fortune. Sans elle, sans les encouragements qu'elle lui avait donnés, sans l'appui moral et matériel qu'elle lui avait prodigué, il eût brisé son épée depuis longtemps.

— C'est à ma mère, à ses bons principes, que je dois ma fortune, et tout ce que j'ai de bien, disait-il.

Aussi sut-il toujours lui témoigner la plus grande déférence.

∴

Benjamin West, qui fut président de l'Académie de Peinture anglaise et associé étranger de l'Institut de France, disait souvent :

— C'est ma mère qui a fait de moi un peintre et, ce qui vaut mieux, un honnête homme, aimant et craignant Dieu. Elle m'avait appris, tout enfant, à prier; quand je faisais une faute, elle m'encourageait à la lui avouer et à subir, sans murmure, la punition que j'avais méritée.

« Cependant, un jour, la domestique m'accusa d'avoir cassé un carreau de vitre. J'avais, il est vrai, joué à la balle dans la chambre, et j'avais une idée vague d'avoir lancé ma balle dans la direction de la fenêtre et d'avoir commis le méfait; — mais la domestique était en colère et m'appela petit menteur. J'avais déclaré tout d'abord que ce n'était pas moi; je persistai, car une fois engagé dans la mauvaise voie du mensonge, il en coûte de reculer.

« Ma mère entra : elle me regarda fixement, et, posant sa main sur mon épaule, elle me dit :

« — Mon enfant, Dieu te voit; ne déguise pas la vérité.

« Je baissai la tête; il me semblait sentir l'œil de Dieu et le regard de ma mère peser sur moi. Mon parti fut bientôt pris; je me redressai :

« — Oui, maman, c'est moi qui ai cassé le carreau. Je n'en étais pas tout à fait sûr; mais, à présent, je me rappelle comment la chose s'est faite.

« Tout me revenait à l'esprit : la balle, après avoir frappé la boiserie, avait rebondi jusqu'à la vitre, et j'avais entendu un léger craquement.

« Ma mère me dit qu'elle était contente de moi, mais que je payerais sur l'argent de ma semaine le carreau cassé. Cette sentence entraînait la privation de petites emplettes que je comptais faire, mais elle était juste et je me sentais le cœur allégé.

Un autre jour, — j'étais bien jeune alors, — ma mère me confia le soin de garder mon petit frère, baby de huit mois, endormi dans son berceau. L'enfant était si frais, si rose, si gentil, avec ses petites mains potelées et sa petite tête inclinée si gracieusement sur l'oreiller, qu'il me prit envie de le dessiner. Je n'avais jamais appris le dessin : je m'amusais seulement parfois à retracer tant bien que mal sur le papier ce que je voyais. J'avais aussi copié les gravures encadrées qui ornaient notre salle à manger. Le baby était une étude autrement difficile, mais la difficulté était un plaisir de plus.

« Je me mis donc au travail avec une grande ardeur; quand mon dessin fut fini, il me parut si laid, si différent du modèle, que je résolus de ne le montrer à personne. Je l'enfouis dans un portefeuille qui renfermait mes barbouillages. Ma mère l'y découvrit, et l'en tira; elle le regardait avec complaisance lorsque j'entrai. Elle avait reconnu son baby : elle me prit dans ses bras, car j'étais encore fort petit, et m'embrassa de tout son cœur. Ce jour-là, ma vocation fut décidée; ce joyeux baiser de ma mère m'avait fait peintre. »

∴

Un grand nombre d'écrivains ont dû beaucoup de leur formation morale à la sollicitude de leur mère.

Nous savons, par les confidences de Lamartine, que c'est à sa mère qu'il s'estimait redevable d'une bonne part de sa personnalité.

André Theuriet a confessé la même chose dans cette lettre :

« A la maison, on n'avait pas trop le temps de s'occuper de moi. Mon père était absorbé tout entier par le travail de son bureau, et ma mère avait fort à faire pour remplir ses devoirs de société, mener à bien son ménage, surveiller la préparation des repas, entretenir le linge et les vêtements, le tout sans dépasser les limites d'un budget restreint.

« Elle était très économe, très ordonnée, très discrète, besognant beaucoup sans bruit, maintenant toutes choses dans un état de propreté reluisante, — le modèle de la femme d'intérieur.

« Esprit calme et sensé, cœur tendre et sûr, mais renfermé et peu expansif, elle m'a rendu le service de ne pas me gâter, bien que je fusse son enfant unique ; elle m'a appris à vouloir et à discipliner ma volonté. Par exemple, elle n'était nullement romanesque, et, n'ayant d'autre idéal que le devoir méthodiquement et sévèrement accompli, elle me rabrouait ferme à propos de mes vagabondages d'imagination et de mon enthousiasme pour le théâtre. »

Que pourrions-nous ajouter à l'enseignement de ces faits pris entre des multitudes d'autres? Car il est bien évident que l'on pourrait multiplier à l'infini les exemples de l'influence bienfaisante des mères sur l'avenir de leurs enfants.

§ 2.

Malheureusement, la réciproque est vraie, et il existe de trop célèbres exemples de l'influence néfaste que peuvent exercer des mères aveugles sur les destinées de leurs filles et de leurs fils.

Il est manifeste que c'est à la tournure incohérente, à la direction funeste que leurs mères ont donnée à leurs idées, que les Edgar Quinet, les Michelet, les Victor Hugo, qui auraient pu être de grands hommes *incontestés*, sont devenus des cerveaux déséquilibrés, accessibles au mensonge, au fanatisme, à la fraude, et aux pires niaiseries.

Leurs mères dévoyées elles-mêmes, les ont dévoyés ! N'insistons pas sur ces douloureuses constatations, — ou du moins n'y insistons que pour détourner les mères de semblables aberrations.

Insistons surtout sur la responsabilité qui leur incombe en raison de leur influence décisive sur l'avenir de leurs enfants.

Lerminier, dans sa *Philosophie de Droit* (Tome I, page 126), formule sans hésitation ce principe :

« Dans nos sociétés modernes, les mères nous donnent nos premiers sentiments et nos premières idées ; — c'est la mère qui reconnaît le caractère et le génie de son enfant, applaudit à sa vocation, le soutient contre le mécontentement paternel, le console, le fortifie, et enfin le livre à la société. »

Les conséquences de cette constatation sont immenses :

Si, de plus en plus, nous voyons se répandre dans les nouvelles générations, un nombre beaucoup trop considérable d'individus débiles de corps, d'esprit et de volonté, c'est que les mères se désintéressent trop de la vigueur physique, intellectuelle et morale de leurs enfants.

Si le niveau des études baisse, si l'abondance des lois scolaires n'aboutit qu'à multiplier l'ignorance des produits de l'école primaire, c'est que les mères se déchargent trop facilement des devoirs qui leur incombent à ce sujet, sur la prétendue sollicitude des salariés de l'État.

Si le nombre des enfants et des jeunes gens qui rôdent dans les rues, parmi lesquels se recrute l'armée du vice et du crime, prend des proportions effrayantes, c'est parce que trop de mères se désintéressent de la surveillance de leurs enfants, et font passer, avant ce devoir sacré, leurs aises, leur tranquillité ou leurs plaisirs.

Enfin, si la pensée religieuse tend à s'évanouir dans les jeunes âmes où elle devrait régner en maîtresse, c'est parce que trop de mères ont perdu l'habitude de la déposer sur le berceau de leurs enfants.

Et il apparaît, avec évidence, que ce sont, primordialement, les mères, qui, oublieuses de leurs obligations morales, nous ont préparé les générations actuelles. Celles-ci, avides de plaisirs et de jouissances, dénuées de scrupules, ne pensent, — en haut, qu'à profiter de la vie terrestre pour se gaver de voluptés, —

en bas, qu'à monter à l'assaut de la société, pour arracher, à ceux qui possèdent, les moyens de se vautrer à leur tour dans les orgies où se complaît la bête humaine, à qui la mère, en lui donnant un corps, a négligé de donner une âme !

CHAPITRE VI

Discipline morale de la Mère et de l'Enfant.

§ 1.

L'enfant est le miroir de la mère.

En observant son enfant, la mère retrouvera toujours chez lui un reflet d'elle-même.

C'est ce que nous venons de dire tout au long du Chapitre V : « Telle mère, tel enfant! »

La cause primordiale de ces similitudes, c'est l'instinct puissant que Dieu a mis dans la nature animée et surtout chez l'homme : l'instinct d'imitation.

Tous, plus ou moins, sans nous en rendre compte, nous obéissons à cette grande loi naturelle, et nous suivons, de préférence, les chemins déjà battus, les courants existants, — en vertu du principe universel qui domine toutes les activités du monde : *le principe du moindre effort!*

Voilà pourquoi on se laisse entraîner si volontiers à faire ce que font les autres. Voilà pourquoi l'on accepte

si facilement les idées toutes faites au lieu de se faire, par soi-même, une opinion raisonnée. Voilà pourquoi, enfin, il n'y a guère d'enseignement qui soit aussi convaincant que l'exemple, — et pourquoi l'exemple a plus de puissance sur nous que l'enseignement.

Ajoutons que, par une conséquence logique de ces faits, l'enseignement et l'exemple réunis sont *irrésistibles*.

Voilà la grande force des mères, à la condition qu'elles sachent et qu'elles veuillent s'en servir.

C'est ce à quoi nous allons essayer de les déterminer.

Qu'elles se rendent bien compte, tout d'abord, qu'il ne s'agit pas ici d'une simple théorie éducative.

Tout ce que nous énonçons dans ces lignes est d'expérience quotidienne et a été observé depuis longtemps.

Vauvenargues, dans ses *Réflexions et Maximes*, disait :

« Comme l'enfant est imitateur, l'exemple fait plus que la leçon. Souvent, les talents de l'esprit sont tardifs; mais le caractère est presque toujours précoce ; l'enfant annonce, de bonne heure, non ce qu'il saura, mais ce qu'il fera. »

Mme Campan *(De l'Éducation des Femmes)* ne s'exprime pas autrement.

« Les enfants, dit-elle, sont des miroirs qui réfléchissent les actions. »

Mgr Mioland, dans un *Mandement* de 1843, n'est pas moins explicite :

« Les enfants écoutent peu, mais ils imitent volontiers; la légèreté naturelle à leur âge leur fait bien vite oublier ce qu'on leur dit, mais ils font comme d'eux-mêmes ce qu'ils voient faire. Or, si Dieu leur a donné cet instinct secret d'imitation, n'impose-t-il pas par là même, à leurs parents, l'obligation de ne leur montrer que des exemples propres à les former au bien. »

L'éminent évêque et philosophe chrétien touche là la première et la plus importante des conséquences qui se dégagent de ce fait incontestable : l'esprit de curiosité, d'observation et d'imitation des enfants.

L'enfant, *sans en avoir l'air*, écoute tout ce que l'on dit, voit tout ce que l'on fait.

Le profond penseur que fut de Bonald, dans l'ouvrage où il a condensé tant de hauts enseignements *(Législation primitive)*, insiste sur ce point et conclut :

« L'enfant profite, pour s'instruire, à peu près également de ce qu'on dit et fait *devant lui*, comme de ce qu'on dit et fait *pour lui*. Il faut donc un grand respect pour les yeux et les oreilles des enfants. »

C'est le commentaire philosophique de cette belle maxime bien connue, formulée par le païen Juvénal (Satire XIV) :

« On ne saurait trop respecter l'innocence de l'enfant : médites-tu quelque action dont tu doives rougir, songe à ton fils au berceau ! »

De Bonald ajoute, comme conséquence pratique de son observation :

« La première instruction de l'enfant, — *cette instruction dont il n'est pas donné à l'homme d'apprécier l'étendue, ni d'évaluer l'influence* [1] — consiste en

1. C'est ce que nous avons démontré au Chapitre IV, en mettant en lumière la grande *réceptivité* de l'enfant pour toutes les impressions.

habitudes plutôt qu'en raisonnements, en exemples bien plus qu'en leçons directes; c'est-à-dire, *dans ce qu'il entend*, plutôt que *dans ce qu'il écoute*. Et il est également funeste pour l'éducation des enfants de ne pas s'observer devant eux, *et de leur laisser apercevoir qu'on craint d'être observé.* »

Cette dernière réflexion de De Bonald est empreinte d'une grande clairvoyance de la psychologie de l'enfant.

Oui, il est bien vrai que rien n'est plus nuisible à leur formation morale que l'impression, même vague, qu'ils viennent à avoir, *que l'on se cache d'eux* pour parler ou pour agir.

Cette impression ne tarde pas à se préciser dans leur esprit, elle les préoccupe, et ils apportent toute leur attention à la vérifier.

Cette méfiance des parents, les précautions que ceux-ci prennent pour ne pas être vus ou entendus des enfants, frappent très vivement la mentalité de ces petits êtres si curieux de tout apprendre. Ils voient là un mystère qui excite leurs petites imaginations, et ils acquièrent, peu à peu, la certitude tenace qu'il y a, de par le monde, deux ordres de vérités, les unes qu'on leur dit, les autres qu'on leur tait, les unes qu'on leur montre, les autres qu'on leur cache.

Et, dès lors, ils deviennent singulièrement attentifs à tout ce qui leur paraît mystérieux, afin de découvrir le mot de l'énigme que l'on pose, sans le vouloir et sans le savoir, devant leur esprit chercheur.

Cette disposition morale est évidemment malsaine pour l'enfant : votre cachotterie provoque chez lui la *dissimulation*, tendance éminemment mauvaise, chemin qui conduit à ce désastre psychologique des jeunes âmes : le *mensonge !*

Des parents irréfléchis mettent le comble à ce désordre mental en répétant à tout propos :

— Tu es trop jeune ! Les enfants ne doivent pas savoir cela, voir cela, faire cela !

Or, on se dispense généralement de leur expliquer *pourquoi* cela leur est interdit. « Tu es trop jeune ! » n'est pas une raison satisfaisante pour leur esprit travailleur.

Il est vrai que, souvent, on ne peut pas leur donner le motif exact qui oblige à leur cacher quelque chose. Je crois que l'on pourrait presque toujours, si l'on voulait s'en donner la peine, leur en donner un, approprié à leur jeune intelligence, susceptible de les convaincre et surtout de calmer leur curiosité, de les empêcher de chercher le mot de l'énigme.

Si on ne le peut pas, eh bien ! on a eu un premier tort. C'est de s'exposer à la nécessité de cacher à l'enfant quelque chose.

La maternité est faite surtout de *prévoyance*. La mère doit prévoir que, quoi qu'elle fasse et qu'elle dise, il y a là un petit témoin, toujours en éveil, de toutes les circonstances de sa vie. De là la nécessité pour elle d'être attentive et de songer d'avance à tout ce qui pourra exciter la curiosité de l'enfant, et la mettre elle-même dans l'embarras faute de pouvoir la satisfaire.

Voilà la discipline morale à laquelle la mère doit s'astreindre, pour pouvoir donner une base solide à la discipline morale de l'enfant.

A quoi serviront toutes les leçons qu'elle pourra donner à l'enfant, si elle en détruit d'avance tout l'effet en ne se disciplinant pas elle-même?

La meilleure éducatrice de l'enfant, nous l'avons dit au Chapitre IV, *c'est la vie!*

Or, a dit Eugène Marbeau, « l'enseignement de l'exemple est le seul qui entraîne, *parce que l'exemple, c'est la vie, au lieu d'être la leçon!* »

∴

L'exemple est d'une telle fécondité *qu'il vivifie la leçon elle-même!*

L'enseignement qui s'appuie sur l'exemple, avons-nous déjà dit au début de ce chapitre, possède une puissance irrésistible.

Voyez de quelle force dispose une mère qui peut toujours dire à son enfant : « Fais comme moi! »

J'en ai connu une qui ne disait jamais à sa fillette : « Lave tes mains!... Mange ta soupe! » mais toujours, avec une douceur entraînante :

— Sophie, nous allons, toutes les deux, nous laver les mains!... Nous allons, toutes les deux, manger notre soupe!

Et même, bien souvent :

— Nous allons, toutes les deux, apprendre le catéchisme!

Et toutes les deux, comme animées par une seule âme, par une seule volonté, faisaient ensemble la même chose.

Voilà une mère qui avait une conception haute, claire et pratique de la maternité.

J'ai assisté, un soir, à cet entretien. Il était neuf heures : l'enfant avait huit ans.

— Sophie, ma petite fille, tu es fatiguée. Va te coucher !

— Mais toi, maman !

— Moi, répondit simplement la mère, lorsque j'avais huit ans, je me couchais à neuf heures.

L'enfant se leva, salua les étrangers, embrassa sa mère et alla se coucher... L'argument lui avait paru, avec raison, tout à fait décisif.

Ce spectacle me fit songer à cette jolie et si juste pensée de Mme de Genlis :

« Pour une mère, la plus douce récompense de sa vertu est de pouvoir proposer pour modèle sa jeunesse à sa fille. »

C'est pendant tout le cours de son existence que la mère doit pouvoir constamment servir de parfait modèle à ses fils et à ses filles.

Pour cela, je le répète, une stricte discipline est indispensable. Cette discipline ne porte que sur de petites choses, sur de menus faits, sur mille détails infimes de conduite et de langage. Mais elle n'en est que plus importante, car c'est de tous ces minimes événements que l'existence est faite.

J'ajouterai qu'elle est grandement méritoire, car la « continuité des petits devoirs toujours bien remplis ne demande pas moins de force que les actions héroïques. » (J.-J. Rousseau).

§ 2.

Cette volonté attentive dont s'arme la mère qui a entrepris, avec une affection clairvoyante, le « grand œuvre » de l'éducation, elle va chercher à la développer également chez l'enfant.

Car, remarque M. Buisson, — « ce qui manque le plus à l'enfant, c'est la volonté ; il ne l'a que faible et vacillante, entravée à chaque instant par la fragilité de ses organes, par la mobilité de son esprit, par l'inconstance de sa pensée. Que lui faut-il donc, sinon une *discipline* qui lui apprenne à vouloir, qui l'aide à vouloir, qui sollicite en lui avec douceur l'éclosion et le développement de l'être moral, qui s'ingénie, comme savent faire les mères, à le faire épeler laborieusement, lettre à lettre, dans le grand livre du devoir. »

Le grand aide de la mère dans sa tâche éducatrice, c'est la plasticité naturelle de l'enfant, la facilité avec laquelle elle peut lui faire contracter de bonnes habitudes, et l'empêcher d'en prendre de mauvaises.

Les habitudes deviennent une « seconde nature » comme on l'a dit avec juste raison, et rendent tout aisé.

Les premières habitudes à faire prendre au tout jeune bébé sont évidemment des habitudes physiques relatives à l'alimentation, à l'habillement, au sommeil, à la propreté. Elles sont importantes, d'abord parce que ce sont ces premières impressions qui orienteront dans une bonne voie la manière d'être de l'enfant, et aussi parce qu'elles serviront de base à celles qu'il devra contracter par la suite.

Soumettre à une règle les premières habitudes enfantines peut être pour la mère d'un très utile secours pour l'accomplissement de ses divers devoirs domestiques. En soumettant à une discipline le sommeil, les repas, les divers actes de l'enfant, on l'accoutume, dès son entrée dans la vie, à l'influence si féconde de « l'ordre en toutes choses. »

La discipline morale se développera insensiblement au fur et à mesure de l'éveil de l'âme de l'enfant.

En faisant surgir en lui la *volonté* qui va devenir la base de sa personnalité, veillez à ce que rien ne puisse l'aiguiller dans une mauvaise direction. Préoccupez-vous des tendances de ces premières *volitions*, et redressez-les rigoureusement lorsqu'elles s'écartent de la ligne de conduite que vous voulez imprimer à l'enfant.

Cette ligne de conduite peut se résumer en cette simple formule :

« Habituer l'enfant à ne vouloir que ce que veut sa mère, à avoir en elle une confiance absolue, à ne voir que par ses yeux. »

Cette docilité, qui facilitera votre tâche, vous l'obtiendrez par votre inaltérable *sincérité* vis-à-vis de l'enfant. Celui-ci aura la conscience nette, indéracinable, que tout ce que vous dites, tout ce que vous faites, c'est la manifestation de la loi inéluctable de la vie, en même temps que l'expression de votre profonde affection pour lui. En outre, votre *sincérité* l'obligera lui-même à une sincérité absolue.

Cet amour de la sincérité devrait même aller jusqu'à la minutie.

« Accoutumez vos enfants, a écrit Johnson, à ne rien dire que de très exact et de très véridique, jusque dans les moindres choses. S'il s'est passé un petit événement quelconque à une fenêtre, ne leur laissez pas dire que cela s'est passé à une autre. »

Les moindres déviations de la sincérité, ou seulement de l'exactitude, peuvent avoir, en effet, en entrant dans les habitudes de l'esprit, les conséquences les plus funestes.

Il est bon d'avoir le *scrupule de la vérité !*

∴

De toutes les habitudes que vous donnerez à l'enfant, celle qui contribuera le plus à former sa volonté et à lui assurer une vigoureuse personnalité, c'est l'*habitude de l'effort !*

Or c'est là justement la discipline pour laquelle les mères, — inconscientes de son utilité, — éprouvent le plus de répugnance. Tous leurs soins tendent, au contraire, à éviter à leurs enfants le moindre effort, la moindre peine.

C'est là un bien mauvais service que vous leur rendez, puisque, par votre vigilance constante à écarter d'eux toute occasion d'exercer leur énergie, — vous les désarmez, en réalité, au lieu de les préparer à la lutte pour l'existence, qui, n'est, vous le savez bien, qu'une succession continue d'efforts incessants.

Nous avons déjà abordé ce point délicat dans le Chapitre II, et nous avons amplement démontré que tout effort que l'on évitera à l'enfant dans le jeune âge, l'obligera à un effort beaucoup plus considérable à son entrée dans la vie.

Y a-t-il rien de plus répréhensible, par exemple, que la pratique de certaines mères qui, pendant la période où leurs enfants procèdent à leur instruction fondamentale, paralysent les heureux effets des efforts intellectuels qu'ils font à ce moment, en se substituant à eux, en faisant leur devoir à leur place, au lieu de se borner à les aider discrètement, s'ils se trouvent embarrassés ?

A quoi aura servì, pour l'instruction de l'enfant, un devoir fait par la mère? Celle-ci n'a fait que favoriser son indolence naturelle, et le priver d'un exercice indispensable à ses progrès. C'est de l'affection mal entendue, c'est de l'irréflexion, — et, au bout du compte, c'est une faute. La mère a manqué à son devoir, — elle a aidé son enfant à manquer au sien, — et pour peu que la même irrégularité se renouvelle, les conséquences pourront en être telles qu'elles engageront gravement la responsabilité maternelle.

M. E. Lavisse aimait à conter une anecdote, qui a sa place ici :

« Un vieux souvenir me revient à l'esprit. Il y a vingt et quelques années, je priai le proviseur du Lycée Henri IV de me confier l'enseignement de la géographie dans la classe de sixième. Je n'avais jamais eu de tout jeunes élèves et je voulais connaître ce plaisir. Je trouvai là un grand nombre d'externes, qui arrivaient en classe, la mine éveillée, bien proprets et pomponnés par la main maternelle.

« Un jour, un d'eux m'apporte, comme devoir, un chef d'œuvre. C'était une carte, où les montagnes étaient figurées par des chenilles onduleuses, — les rivières, par des lignes à l'encre bleue, minces à la source et qui allaient grossissant jusqu'à l'embouchure; et, du littoral, s'avançait, vers la haute mer, une ombre savamment dégradée. Émerveillé, mais méfiant, je fis venir l'auteur et lui demandai :

« — C'est vous qui avez fait cette carte?

« Il me répondit, comme la chose du monde la plus naturelle :

« — Mais non, Monsieur, c'est maman !

« Alors commença, entre lui et moi, un long dialogue. Je l'emmenai à comprendre que la carte est un exercice prescrit par le maître à l'élève, pour que celui-ci apprenne la place des montagnes, des rivières, des mers, des pays et des villes ; — que nous avions, lui et moi, un devoir : moi, le devoir d'enseigner la géographie, et lui, le devoir de l'apprendre, — et que sa mère, enfin, en faisant la carte, nous avait, à tous les deux, dans la meilleure intention du monde, joué quelque chose comme un petit tour. Il en convint de très bonne grâce.

« Je le gardai auprès de moi pendant que j'examinais les cartes des autres élèves. J'en remarquai une qui n'était pas belle, pas belle du tout; les montagnes semblables à des chenilles aussi, mais au poil rare et hirsute, hésitaient dans leur direction ; les fleuves prenaient un faux point de départ, s'en repentaient, en essayaient un autre ; le littoral, après avoir risqué des pointes aventureuses dans la mer, était ramené par des ratures. L'aspect général était désobligeant, mais l'auteur évidemment s'était fort appliqué. Je l'appelai auprès de moi ; il arrive un peu troublé, et, tout de suite, avant que j'eusse ouvert la bouche :

« — Monsieur, ce n'est pas ma faute, je n'ai pas eu le temps de recommencer ma carte.

« Il croyait que j'allais le gronder. Je l'interrogeai sur la source des fleuves et leur direction : il me répondit fort bien. Son camarade, questionné à son tour, répondit très mal ; — il n'avait pas lui, cherché, manqué, cherché encore, et à peu près trouvé, un point de départ, un cours, un point d'arrivée. Sa mère savait peut-être sa leçon de géographie ; lui, il ne la savait pas.

« Ce n'était pas fini. Je plaçai les deux cartes, le chef d'œuvre et le *brouillamini*, l'un près de l'autre. Au dernier, je donnai, après avoir encore une fois loué l'effort, une bonne note. Puis, je demandai au camarade quelle note il croyait que je dusse donner à sa carte. Il me répondit par une petite moue et par le balancement de tout le corps.

« — Mais, lui dis-je, c'est bien simple ; je n'ai pas le droit de donner une note à Madame votre mère. Quand vous m'apporterez une carte de vous, nous verrons.

« Ce fut entendu ; mais je le priai encore d'examiner ce cas de conscience :

« — Si je vous avais donné une note meilleure qu'à votre camarade, j'aurais commis une injustice, n'est-ce pas ?

« — Oui, Monsieur.

« — Est-ce que c'est moi qui aurais été coupable de l'injustice ?

« En même temps, j'écrivais sur son cahier de correspondance : « N'a pas fait sa carte. » Il sourit de la petite malice.

« J'aurais bien voulu entendre la conversation qu'il eut avec sa mère en rentrant ; mais cette leçon de morale, à propos d'une carte, ne fut pas perdue pour lui. Dans la suite, il fit toujours ses cartes lui-même. C'était visible à l'œil nu.

« Mes amis, j'ai plus d'une fois raconté cette anecdote ; les vieux professeurs comme moi ont l'habitude de se répéter. Mais, si vous y réfléchissez bien, vous verrez que l'anecdote à son prix. »

Elle a surtout son prix pour les mères trop enclines à soulager leurs enfants de tout ou partie de leur travail scolaire, parce qu'il s'en dégage cette lumineuse moralité : ce qui importe, ce n'est pas que l'élève fasse « un chef d'œuvre » ; — l'essentiel, c'est qu'il fasse ses devoirs lui-même.

Or, le même principe trouve son application non seulement pour tous les labeurs de l'écolier, mais aussi pour les efforts de tous genres qu'exige la vie. Les mères aveugles qui veulent soustraire leurs enfants à ces efforts, leur rendent le plus mauvais des services. Elles nuisent, de leurs propre mains, à l'avenir et au bonheur futur de ceux qu'elle croient aimer en agissant ainsi.

∴

En résumé, la discipline morale de la mère et de l'enfant réside surtout dans l'enseignement par l'exemple que la première donne au second.

Elle se manifeste d'une manière plus positive par l'accoutumance aux bonnes habitudes : docilité, véracité, énergie inlassable vis-à-vis de l'effort.

Est-ce à dire qu'il ne faille pas aider l'effort? Au contraire : du moment que l'enfant fait des tentatives réelles, mais infructueuses, pour réussir, la mère peut et doit même intervenir.

Reprenons l'exemple de M. Lavisse.

Cette mère si experte à faire les cartes, — au lieu de se charger complètement du travail de son fils, — aurait mieux fait de chercher à lui passer un peu de son habileté, en lui montrant comment elle s'y prenait elle-même. Elle aurait dirigé, encouragé les tâtonnements de l'écolier, au lieu de les supprimer totalement, et, ce faisant, elle aurait accompli de la bonne besogne éducative.

En terminant, insistons sur ce point que si la leçon par la parole ne doit pas être complètement éliminée de la formation morale, elle gagnera à revêtir une forme particulière. Les longs discours moralisateurs font peu d'effet, ne pénètrent pas, ne laissent pas de trace.

On a fait la remarque, au contraire, que les maximes bien expressives, se gravent ineffaçablement dans l'esprit des enfants, et influent sur leur conduite.

Les mères ont mille occasions de répéter à leurs enfants :

— *Aide-toi, le Ciel t'aidera!*

— *Pas de plaisir sans peine!*

— *Il n'y a que le premier pas qui coûte!*

— *C'est en forgeant, qu'on devient forgeron!* etc..

Elles ne doivent pas manquer de le faire, en expliquant le sens profond et la réalité de toutes ces paroles. Les enfants n'oublieront jamais un semblable enseignement, qui inspirera pratiquement leurs actes.

« Les sentences, a dit Diderot, sont comme des clous aigus qui enfoncent la vérité dans notre souvenir. »

Et Joubert remarque, de son côté :

« Les bonnes maximes sont les germes de tout bien; fortement imprimées dans la mémoire, elles nourrissent la volonté. »

Mères, profitez de l'efficacité bienfaisante de ces semences morales. Répandez-les à profusion dans l'esprit de vos enfants. Qu'elles soient pour eux, comme pour vous, un code de conduite facile à retenir et applicable dans toutes les circonstances de la vie.

CHAPITRE VII

Formation intellectuelle et morale de l'Enfant.

§ 1.

Nous n'empiéterons pas ici sur l'exposé des principes pédagogiques qui doivent constituer l'objet particulier du quatrième des « Livres de la Femme » : *Le Livre de l'Éducatrice.*

Mais il est plusieurs points sur lesquels il importe que nous insistions, parce qu'ils font plutôt partie du rôle proprement *maternel* que du rôle *éducateur*.

Nous voulons parler des multiples influences que la mère peut exercer sur l'évolution intellectuelle et morale du jeune enfant, en mettant à profit toutes les aptitudes naturelles que Dieu a mises en lui.

L'enfant, avons-nous dit, est essentiellement *imitateur*. Que de mères savent utiliser ingénieusement cette tendance pour développer toutes ses habiletés physiques, — pour lui apprendre à parler, — à griffonner, et finalement à lire !

C'est pour imiter que, même sans y être incité, l'enfant, à un moment donné, se dresse sur ses petites jambes titubantes et essaye de faire un premier pas.

Il imite encore ce qu'il a vu faire lorsqu'il saisit une petite cuiller pour la porter à sa bouche. Il imite maladroitement : c'est à la mère attentive, soucieuse de ses progrès, qu'il appartient de rectifier ses mouvements.

Voici un fait d'observation. Une maîtresse de maison avait, dans sa cuisine, une ardoise, sur laquelle elle inscrivait quotidiennement, avec un morceau de craie, les commissions à faire et diverses indications relatives au ménage. Un de ses enfants, âgé de deux ans à peine avait assisté, maintes fois, à cette opération, qui excitait sa curiosité et à laquelle il portait la plus vive attention.

Un beau jour, le bébé, momentanément seul, parvient à s'emparer de l'ardoise et de la craie, s'assied par terre, et spontanément, se met à tracer des arabesques interminables.

La mère le surprit profondément absorbé par cette occupation.

Comme c'était une femme intelligente, elle vit aussitôt tout le parti qu'elle pouvait tirer de cet incident.

— Ça, c'est l'ardoise à maman! dit-elle au petit dessinateur. Je vais en acheter une autre qui sera pour bébé !

Ce qui fut fait.

Or, qu'arriva-t-il ?

Tout d'abord, l'enfant barbouillait l'ardoise confusément avec une assiduité inlassable. Lorsque la mère vit que la petite main s'était exercée à bien tenir la craie, et à tracer des traits informes avec une certaine sûreté, elle dessina sur l'ardoise un simple *rond*, en incitant son fils à l'imiter.

Et l'enfant, sans se faire prier, par amusement, fit des *ronds*, puis des *barres*, puis des assemblages réguliers de « ronds » et de « barres », puis des *lettres* dont il savait les noms : *o*, « qui a la forme d'un rond » disait la mère pour le lui faire retenir, *i*, « qui a un petit point dessus », etc..

Dès que le petit élève sut faire le *b* et l'*é*, on lui fit écrire *bébé*, ce dont il était ravi, puis, plus tard, *maman*, *papa*, ce qui le transporta de joie, et ce fut lui enfin qui affirma son droit de propriété et son respect de la propriété d'autrui, en écrivant en tête de sa propre ardoise : *ardoise de bébé*, et sur celle de la cuisine : *ardoise de maman*.

Cet exemple montre à quels résultats peut parvenir une mère ingénieuse en cultivant habilement l'instinct d'imitation de son enfant.

Cet instinct persiste, d'ailleurs, en se modifiant, même lorsque les enfants grandissent, — lorsque la petite fille *joue à la maman* avec sa poupée, et que le petit garçon *joue au soldat* avec son sabre et son cheval.

C'est alors que l'on peut développer aisément, en même temps que les aptitudes physiques (par exemple, en faisant faire à la fillette tous les travaux de couture qu'exige l'habillement de sa poupée), — les sentiments moraux.

Je pourrais citer telle mère qui était toujours très attentive aux discours que sa fillette adressait à ses poupées. Ces discours naïfs étaient pour elle un diapason très sûr de la mentalité de son enfant. Ils lui révélaient ses réflexions intimes, ses pensées secrètes, ses tendances morales. Lorsque l'enfant laissait échapper quelque erreur, la mère avait grand soin de la reprendre et de lui faire remarquer qu'elle se trompait. Elle arrachait avec soin de ce jeune esprit toutes les idées fausses qu'elle y voyait germer.

Quelle pratique intelligente, et combien les mères devraient l'imiter !

∴

Puisque nous sommes sur la question des jouets, attirons l'attention des mères sur quelques observations qui pourront leur être utiles.

Le premier usage que l'enfant fait de sa force consiste à briser, ou du moins à essayer de briser tout ce qu'il peut saisir de ses petites mains. Avant de briser les jouets, il secoue les hochets ; mais aussitôt que les bergeries, les armées, les automates, peuvent réjouir et exercer ses yeux, il les saisit sans ménagement, les jette sur le carreau, les arrache, les met en pièces.

Ces premiers gestes sont de véritables expériences qu'il fait de sa force. Il est visible qu'il ne s'est pas encore établi dans son esprit un rapport exact entre cette force et la résistance des objets. Il fait, en quelque sorte, tout comme un ingénieur, des essais sur la force des matériaux.

S'il est maladroit, c'est malgré lui, — c'est parce qu'il manque encore d'expérience. En réalité, il ne détruit pas pour le plaisir de détruire : la preuve, c'est que quand ses pantins, ses victimes, sont disloqués, informes, perdus, il s'étonne et il pleure sur leurs débris.

Il saisit, parce que les mains sont faites pour saisir, — il use et abuse de sa force, parce que la nature l'incite à en faire usage. Son individualité s'épanche au dehors, absorbe tout ce qui l'environne. Tout cela, c'est l'expansion normale de la vie.

Mais attendez que cette première période d'effervescence physique ait fait place à la période où l'esprit de l'enfant s'éveille et observe.

Ses jouets ne sont pas plus respectés, — mais c'est pour une toute autre raison. Il ne les brise plus, — il les démonte. Et il les démonte *par curiosité !* c'est-à-dire en vertu de cette tendance innée dans la nature humaine, qui nous porte à nous rendre compte de toutes choses.

La curiosité se porte sur tout ce qu'il a sous la main. Après avoir démonté, il essaie de remonter. Après l'analyse, la synthèse. C'est la marche de l'esprit humain, depuis l'âge le plus tendre.

Dans tout ce qui est à sa portée, l'enfant cherche, mesure à sa manière, compare et même invente.

Le voilà qui vient de crever la peau de son tambour! Quelle n'est pas sa surprise de ne trouver à l'intérieur que du vide, et de ne plus tirer de la surface distendue le son qui le charmait.

C'est là une belle expérience d'acoustique ! L'enfant vient d'apprendre que les tambours crevés ne résonnent plus. N'est-ce rien cela?

O mères! rendez-vous bien compte que lorsque les enfants brisent leurs jouets, c'est qu'ils cherchent à s'instruire! Profitez-en, pour donner à leur esprit la nourriture que cet esprit, avide de vérité, réclame!

L'intervention de la mère dans les jeux peut être des plus profitables. Elle trouvera rarement une occasion aussi propice de travailler utilement à l'éducation des enfants.

Qu'elle joue donc avec eux, comme une amie, en ayant bien soin de ne jamais devenir pour eux une *camarade* : car rien n'est plus déplorable que la tendance actuelle d'un grand nombre de parents à oublier leur âge et à sacrifier leur dignité.

§ 2.

De tous les jeux ou récréations, les livres ou albums à images noires ou coloriées, sont peut-être le plus puissant moyen d'éducation que les mères aient à leur disposition.

Les représentations d'animaux intéressent tout particulièrement les enfants, de même que les scènes relatives à des récits dont ils connaissent le sujet, par exemple, les scènes les plus remarquables de l'Ancien et du Nouveau Testament.

Le parti que l'on peut tirer de ces images est immense. On peut faire repasser indéfiniment les mêmes sous les yeux des enfants : non seulement ils s'y intéresseront toujours, mais ils y trouveront continuellement matière à de nouvelles observations et à de nouvelles réflexions dont une mère avisée saura profiter pour leur développement intellectuel et moral.

C'est par ce moyen que l'on s'apercevra que les enfants, à notre insu, ont des idées beaucoup plus avancées que celles qu'ils paraissent avoir dans la conversation ordinaire. On sera étonné de la justesse et même de la profondeur de quelques-unes de leurs réflexions.

Cela prouve, comme l'avait déjà fait remarquer l'excellent observateur qu'était Jean-Paul Richter, qu'il est toujours bon « de présupposer chez l'enfant une intelligence assez avancée : c'est en gravissant des sommets nouveaux qu'on apprend à gravir. »

∴

D'ailleurs, — comme on s'est enfin décidé à le reconnaître *théoriquement* de nos jours, — c'est par l'*intuition* plutôt que par les livres que doit se faire l'ascension intellectuelle de l'enfant.

Nous disons : *théoriquement*, parceque la tyrannie du livre reste prédominante. Nos modernes pédagogues se sont ralliés tardivement et très difficilement à des idées justes, et ils les appliquent le moins possible. Il est d'ailleurs piquant de constater qu'ils croient ces idées absolument nouvelles, et qu'ils se considèrent comme les inventeurs des *leçons de choses !*

Cela témoigne d'une singulière ignorance de l'histoire des méthodes pédagogiques.

Dès le dix-septième siècle, l'abbé Fleury préconisait l'*enseignement professionnel* et les *leçons de choses*.

Selon lui, l'éducation devait être, à la fois, *générale*, de manière à former un honnête homme, — et *spéciale*, de façon à rendre l'homme habile dans la profession qu'il doit embrasser : c'est notre *enseignement professionnel*.

D'autre part, l'éducation devait commencer, non par le raisonnement, par des abstractions logiques, mais par l'observation et la connaissance des objets communément placés sous les yeux des enfants : ce sont nos *leçons de choses*.

Voici ses propres paroles :

« Comme les premiers objets dont les enfants sont frappés, sont le dedans d'une maison, ses diverses parties, les domestiques et leurs services différents, les meubles et les ustensiles de ménage, il n'y a qu'à suivre leur curiosité naturelle pour leur apprendre agréablement l'usage de toutes ces choses, et leur faire entendre, autant qu'ils en sont capables, les raisons solides qui les ont fait inventer, leur faisant voir les incommodités dont elles sont les remèdes. On les accoutumerait ainsi à prendre des idées nobles de toutes ces choses que la mauvaise éducation et la vanité de nos mœurs nous font mépriser, et à ne point tant dédaigner une cuisine, une basse-cour, un marché, comme le font la plupart des gens. Enfin, on les accoutumerait à faire des réflexions sur tout ce qui se présente, ce qui est le principe de toutes les études.

« Ils ne vivent pas en l'air, ni dans les espaces imaginaires, au pays des êtres de raison ; ils vivent sur la terre, dans ce bas monde, tel qu'il est aujourd'hui. Il faut donc qu'ils connaissent la terre qu'ils habitent, le pain qu'ils mangent, les animaux qui les servent, et surtout les hommes avec qui ils doivent vivre. Et qu'ils ne s'imaginent pas que c'est s'abaisser que de considérer tout ce qui les environne.

« A mesure que l'âge avancerait, on leur en dirait davantage et on ferait en sorte de les instruire passablement des arts qui regardent la commodité de la vie, leur faisant voir travailler et leur expliquant chaque chose avec grand soin. »

Voilà évidemment l'éducation pratique à laquelle peuvent se livrer les pères et les mères, uniquement en facilitant aux enfants l'observation de ce qui se passe autour d'eux.

Est-ce ainsi que procèdent nos prétendues méthodes intuitives, qui se recommandent de Pestalozzi et de Frœbel ? Pas le moins du monde !

Ce n'est pas la vie, c'est la leçon ! C'est la pédagogie ! C'est l'enseignement méthodique, poncif, fondu dans le même moule pour tous les esprits, — conçu par des théoriciens pour les bancs des écoles, et non par une mère pour l'éducation familiale.

Or, c'est à cette éducation familiale, telle que la décrit avec tant de clarté l'abbé Fleury qu'il faut en venir : ce n'est pas la leçon, c'est la vie ! L'enfant apprend en vivant ; c'est son milieu qui l'instruit. Sa mère ne fait que l'aider en répondant attentivement, clairement, avec précision, à toutes ses questions.

Pour les petites filles, cet enseignement qui se dégage de lui-même de la vie domestique, doit être plus pratique encore que pour les garçons, car elles sont destinées à devenir maîtresses de maison, mieux encore *bonnes ménagères*, ce qui est le plus beau titre que puisse désirer une femme. Car, comme l'a dit Montaigne, « la plus utile et honorable science d'une femme, c'est la science du ménage. »

Aussi admirons-nous la mère de famille qui habitue de bonne heure ses filles, *quelle que soit sa fortune et sa situation sociale*, à mettre la table, à laver la vaisselle, à balayer l'appartement, à laver le linge, à recoudre les boutons, à réparer les accrocs, à ravauder les bas, à tricoter, à marquer, à faire la cuisine, les confitures, — à aller au marché, etc., etc.

Tout cela, c'est ce qu'une femme doit savoir avant toute autre chose, notamment avant le piano!

Une mère qui, au lieu de faire de ses filles des *ménagères*, en fait des petites princesses sucrées, des poupées inutiles, se rend coupable d'un crime envers la famille et envers la société, — cette mère eût-elle trente domestiques à ses ordres, — car, par sa faute, ses filles deviennent des unités sociales *notablement inférieures à ses domestiques !*

La valeur d'une femme, depuis l'origine de l'humanité, et tant que l'humanité durera, s'est toujours mesurée et se mesurera toujours, non pas à son rang, à sa richesse, à son élégance, à ses toilettes, à sa beauté, pas même à ses talents d'agréments ou à ses œuvres intellectuelles, — mais à la façon dont elle s'acquittera de son quadruple rôle d'*épouse*, de *maîtresse de maison*, de *mère* et d'*éducatrice*.

Sa mission essentielle, naturelle, divine, la voilà ! Tout le reste est superflu ! Et c'est parce que l'aberration des esprits tend à faire passer le superflu avant l'essentiel que, dans nos sociétés modernes, tant de femmes deviennent de plus en plus des *associées* au lieu d'être des *épouses*, — des *intellectuelles*, au lieu d'être des *maîtresses de maison*, — des *mondaines*, au lieu d'être des *mères*, — et des *politiciennes*, au lieu d'être des *éducatrices*.

Les résultats sociaux de cet état de choses sont trop apparents et trop néfastes pour que ceux qui ont conservé leur sang froid et qui réfléchissent encore ne jettent pas un cri d'alarme, et ne conjurent pas les mères, de qui dépend tout l'avenir des générations futures, de changer de méthode, et de revenir aux traditions de famille de nos aïeux, qui étaient les seules bonnes.

CHAPITRE VIII

La meilleure forme de l'amour maternel : la Vigilance.

§ 1.

La personnalité humaine, être sensible, impressionnable par excellence, est sous la dépendance constante du milieu matériel, intellectuel et moral dans lequel elle vit.

Ce serait le déterminisme *absolu*, tel que le rêvent les esprits faux, si l'individualité humaine était purement *passive* et ne réagissait pas, en vertu de *son activité propre*, qui est *libre*.

C'est à cause de cette action et de cette réaction incessantes, que tout contact de deux êtres humains est un *échange*, et qu'ils ne peuvent vivre longtemps ensemble sans arriver à se ressembler plus ou moins.

Ceux qui se ressemblent s'assemblent par sympathie réciproque, — mais ceux qui s'assemblent finissent par se ressembler, en vertu de compénétrations et d'échanges mutuels.

De ces constatations découle, au point de vue psychologique et moral, un enseignement dont la mère doit faire son profit.

L'enfant, plus encore que les grandes personnes, est d'une extrême réceptivité vis-à-vis de toutes les impressions qui lui viennent de toutes parts.

Si elles sont bonnes, — c'est-à-dire favorables à son développement normal, physique, intellectuel et moral, — tout est pour le mieux. Il n'y a qu'à le laisser les subir.

Mais elles peuvent être mauvaises et nuisibles à ce triple développement.

Or quel est le meilleur juge des influences qu'il convient de favoriser et de celles qu'il importe d'écarter impitoyablement, sinon la mère? Qui est mieux placé qu'elle pour exercer ce rôle protecteur? Et enfin, à qui incombe la responsabilité de cette surveillance, sinon à elle?

La maternité impose de graves devoirs. La mère a charge de l'âme et de l'avenir de son enfant, parce que cet avenir dépend d'elle. A côté du bon ange auquel Dieu confie la garde de chacun de nous, il a placé la mère dont on ne pourrait mieux qualifier la mission qu'en disant qu'elle est « l'ange gardien visible de l'enfant. »

Sa vigilance doit donc être incessante et s'étendre à tout.

Lorsque Proudhon écrivait : « La femme qui sera vigilante aura toutes les vertus, » — il voulait surtout parler de l'attention qu'une femme vertueuse doit apporter à sa propre conduite, mais sa phrase peut être également appliquée à la vigilance maternelle, et l'on peut affirmer que « la mère qui sera vigilante aura toutes les vertus, » parce que cette vertu de sollicitude lui fera pratiquer toutes les autres.

La vigilance maternelle doit s'étendre à tout, avons-nous dit, mais surtout à tout ce qui est susceptible d'apporter à l'enfant un enseignement ou un exemple quelconque, afin qu'aucun de ces enseignements, aucun de ces exemples ne puisse lui être nuisible.

Or, quels sont les enseignements et les exemples auxquels l'enfant est le plus accessible? Ce sont ceux qui se trouvent le plus fréquemment à sa portée : ce que font et ce que disent toutes les personnes de sa famille et toutes celles qui sont en relations quelconques avec sa famille, — les amis de la maison et les siens propres, — ses camarades d'études et de jeux, — ses lectures, — enfin ses études proprement dites elles-mêmes.

Nous avons déjà dit à quelle discipline sévère doivent s'astreindre les parents, afin que rien, dans leurs paroles et dans leurs manières, ne soit de nature à altérer la pureté, la confiance et la sincérité de l'âme de l'enfant.

Mais celui-ci n'est pas seulement en contact avec ses parents. La vie ordinaire lui fait voir d'autres actes, entendre d'autres paroles que les actes et les paroles de son père et de sa mère. Il peut y avoir des domestiques, — il y a forcément des fournisseurs, des visites d'amis, des relations de camaraderie avec d'autres enfants, etc.

Et puis, on ne reste pas cloîtré dans le foyer paternel. On sort, on va, on vient, on coudoie des milliers de personnes qui toutes agissent et parlent, et peuvent par conséquent exercer une influence intellectuelle ou morale.

Comme, malheureusement, tout le monde n'a pas le scrupule de ne rien faire ou de ne rien dire de mal devant des enfants, ceux-ci se trouvent donc exposés à voir et à entendre bien des choses qui peuvent les choquer et même les corrompre.

Comment faire?

Comme il n'est pas possible de se retirer du monde ou de vivre dans une île déserte, il faut qu'il s'établisse une sorte de compromis entre la sauvegarde de l'âme de l'enfant et la nécessité inéluctable de l'existence.

D'ailleurs, cette situation, dans laquelle nous nous trouvons tous en arrivant dans un monde qui n'est pas parfait, n'a rien d'anormal et fait certainement partie de l'harmonie du plan providentiel.

C'est le Créateur lui-même qui n'a pas voulu que nous vivions dans un milieu où nous pourrions, sans tentations et sans luttes, pratiquer la vertu.

Dès le Paradis Terrestre, Dieu a mis le premier homme et la première femme en présence du *devoir*, de la *liberté* et de la *responsabilité*.

Puisque nos enfants sont appelés à grandir, et à vivre un jour, avec leur propre initiative, dans une société où se mêlent le bien et le mal, il ne serait même pas bon pour eux qu'ils eussent une fausse idée de ce monde, et qu'on les eut habitués à voir toutes choses sous un aspect par trop optimiste qui les exposerait à de cruelles désillusions.

A ce propos, je ne saurais trop blâmer une conduite de beaucoup de parents, qui est plus nuisible qu'utile à leurs enfants. J'insisterai sur ce point.

∴

La base de la moralité des enfants, tout comme de celle des grandes personnes, ce n'est pas d'*ignorer le mal*, — c'est de *savoir ce qui est mal*, de *savoir qu'on ne doit pas faire ce qui est mal*, et enfin de *vouloir ne jamais faire ce qui est mal*.

Bien loin de cacher obstinément le mal à l'enfant et de déplorer qu'il vienne à l'apprendre, — il est, au contraire, de la plus haute importance, de relever immédiatement tout ce qu'il peut dire ou faire d'incorrect, et tout ce qu'il a pu voir ou entendre de défectueux.

— Il ne faut pas faire ceci, *parce que c'est mal !* Il ne faut pas dire cela, *parce que c'est mal !*

Et dès que l'enfant a l'esprit assez ouvert pour poser cette question qui arrivera inévitablement un jour : « Qu'est-ce que c'est, *ce qui est mal ?* », la meilleure définition que vous lui puissiez donner, car elle est exacte, c'est de retourner la phrase et de répondre :

— Ce qui est mal, c'est ce qu'il ne faut pas faire ! C'est ce qu'il ne faut pas dire !

Tautologie ! Pétition de principe ! dira-t-on.

Pas le moins du monde. Toute la morale n'est pas autre chose qu'une règle de conduite pour la vie terrestre, et elle se résume à ceci : *faire, ne pas faire.*

Il y a des choses qu'il *faut faire :* c'est le bien commandé.

Il y a des choses qu'on *peut faire :* c'est le bien facultatif.

Il y a des choses qu'il ne *faut pas faire :* c'est le mal défendu.

Ces règles fondamentales de l'éthique se présentent à l'esprit de l'enfant sous la forme concrète de préceptes.

— Il faut faire ta prière.

— Tu peux aller jouer.

— Il ne faut pas mentir.

Or, bien des parents redoutent que les enfants apprennent trop tôt que certaines choses sont *mal*, et, par suite de cette crainte, ils les entretiennent dans une ignorance des plus dangereuses.

Et encore, le moindre hasard, un mot entendu, un geste surpris, viennent-ils à l'improviste démolir tout ce luxe de fortifications psychologiques, et troubler d'autant plus profondément l'âme de l'enfant.

Car celui-ci pense et réfléchit beaucoup plus qu'on ne le suppose, et il se dira certainement, plus ou moins explicitement :

— Tiens ! pourquoi me cachait-on ceci ?... Pourquoi tant de mystères sur cela ?

Alors, le petit cerveau travaille, et il finit par imaginer des choses beaucoup plus pernicieuses à sa moralité, que la vérité toute nette.

* * *

Ce n'est pas à dire qu'il faille tomber dans l'excès contraire, et instruire les enfants absolument de tout.

Nous dirons même : attachez-vous à ne pas éveiller l'attention des enfants sur les choses qu'il vaut mieux leur laisser ignorer le plus longtemps possible. Exigez la même réserve de tous ceux qui les approchent.

Mais, d'autre part, ne croyez pas que tout est perdu, ou qu'il y ait grand dommage si l'enfant a entendu de vilains mots, ou vu quelque spectacle fâcheux.

Avec le laisser-aller qui envahit de plus en plus notre société moderne, il est certain que ce n'est pas sans quelque appréhension qu'une mère s'aventure avec ses garçons et ses fillettes sur la voie publique.

Il règne, dans les propos et dans les attitudes, un sans-gêne qu'on ne saurait trop déplorer.

Mais c'est là un fait, et comme on ne peut enfermer les enfants dans une boîte, comme il faut forcément passer dans les rues avec eux, ils sont exposés à entendre tout ce qui s'y dit, à voir tout ce qui s'y passe.

Or, rien de plus fréquent, par exemple, que de voir un charretier brutaliser ses chevaux, en accompagnant ses gestes de jurons, et d'appellations grossières, souvent même ordurières.

Vous, mère, vous passez rapidement, pour fuir ce spectacle, ces expressions. Mais l'enfant a vu et entendu.

Au lieu de lui donner l'impression que vous cherchez à esquiver *pour lui* cette scène et surtout son explication, ce qui va faire travailler son petit cerveau, voici la conduite à tenir.

Il faut, au contraire, lui donner l'impression que vous êtes persuadée qu'il a tout bien vu et entendu, et aller au-devant des questions qui se posent peut-être déjà dans son esprit. Laissez-lui croire que c'est *pour vous* que vous vous éloignez au plus vite, en disant :

— Je ne puis supporter de voir frapper ainsi de pauvres bêtes qui sont trop chargées pour pouvoir avancer. Comme il est dommage qu'il y ait des gens qui n'ont pas eu une mère pour leur apprendre que *c'était mal* de se mettre en colère et de proférer des blasphèmes contre Dieu.

Voilà la vraie leçon de morale pratique enveloppée dans une phrase où elle n'apparaît pas.

D'abord l'enfant voit que vous n'avez pas cherché à lui cacher l'incident et les grossièretés du charretier. En second lieu, vous indiquez la véritable cause de sa brutalité et de ses paroles malsonnantes, la *colère*. En troisième lieu, vous mettez en garde le jeune esprit contre de semblables gestes et paroles parce que *c'est mal*. Vous attribuez cette mauvaise action à sa véritable cause, l'*ignorance*. Enfin, la suprême habileté morale est ici d'accord avec la charité, lorsque vous attribuez cette ignorance à un défaut d'enseignement maternel. Le charretier agit et parle *mal*, mais il est plutôt victime de son manque d'éducation que coupable. Il n'a pas eu une bonne mère pour former son âme, comme vous formez celle du petit enfant qui vous écoute.

Cet enseignement se gravera profondément dans son esprit. Il a le double mérite d'être absolument *vrai* au point de vue de la psychologie morale, et de poser l'enseignement de la mère comme la source de toute règle de conduite dans la vie pour savoir et faire *ce qui est bien*, savoir et éviter *ce qui est mal*.

C'est un exemple parmi des milliers, mais dans tous les cas, on peut se comporter de même.

Vous sortez avec votre petite fille, et à l'improviste vous vous trouvez en face d'un mur où s'étale une de ces grandes affiches inconvenantes dont on tolère l'exhibition.

Votre premier mouvement sera d'entraîner rapidement l'enfant et de détourner ses yeux attirés par le coloriage et peut-être aussi par la scène insolite représentée, qui pique sa curiosité.

Ce premier mouvement, bien naturel, n'est pas le bon. Vous faites une faute.

A la fâcheuse vision rapide de la fillette, vous ajoutez l'impression que vous cherchez à lui cacher cela au plus vite. Elle ne vous demandera peut-être pas pourquoi, mais elle se le demandera certainement à elle-même, fera des suppositions, — bref son esprit s'attardera et travaillera sur un sujet qui n'aurait pas dû le frapper autant.

Vous aurez donc obtenu un résultat tout opposé à celui que vous vous proposiez en entraînant l'enfant.

Une mère avisée agira tout autrement. Sans hâte, elle examinera si la fillette regarde l'affiche, et alors seulement elle l'en détournera, en lui disant :

— Ne regarde pas ces images, mon enfant ! Elles représentent des choses, une tenue, des manières qui sont mauvaises et que JE n'aime pas à voir, parce qu'elles donnent de mauvais exemples, et que JE ne veux pas les imiter, ni toi non plus !

Que fait cette mère avisée ? Elle ne fuit pas à la hâte, pour ne pas éveiller à la fois l'attention et la curiosité de l'enfant. Elle laisse même aux yeux de la fillette le temps de s'arrêter très brièvement sur l'affiche, et elle l'en détourne *doucement* en lui disant qu'il vaut mieux ne pas regarder cela. Et c'est à *elle-même* toujours qu'elle attribue la répugnance qu'elle éprouve pour ces figurations.

Elle n'en fait pas un mystère : elle en fait quelque chose *qui est mal !* Donc, il faut s'abtenir d'y attacher son attention.

C'est toujours le même principe : ne pas chercher à tout prix à éviter que l'enfant *voie le mal*, mais lui signaler immédiatement *que c'est mal !*

Et soyez bien persuadée, Madame, qu'une fillette ainsi prévenue ne laissera pas son esprit vagabonder sur les mystères de l'affiche. Grâce à l'attitude prudente de la mère, la mauvaise impression *a glissé au lieu de pénétrer*.

On peut agir de même dans toutes les circonstances, et ce n'est pas la moins utile des formes de vigilance de la mère.

§ 2.

Dans *Le Livre de la Maîtresse de Maison*, au Chapitre III, relatif aux « relations extérieures », nous avons exposé et prouvé tout au long combien il faut être attentif dans le choix des relations d'amitié, et quelle prudente réserve il faut mettre à introduire des étrangers dans l'intimité du foyer domestique.

Aux raisons données dans ce Chapitre, nous ajouterons celles tirées de la vigilance que doit apporter la mère à toutes les influences susceptibles d'agir sur l'esprit et la moralité de ses enfants.

Nous dirons donc aux mères :

Evitez d'admettre dans votre intérieur, à la fréquentation de vos enfants, toutes les personnes qui, dans leurs manières et dans la conversation, usent d'une telle liberté d'allures et d'expressions, qu'elle confine à la licence.

Prenez garde qu'en mettant ces mauvais exemples sous les yeux de votre famille, vous ne soyez exposée un jour à de très gros embarras pour expliquer aux jeunes esprits naïfs votre inconséquence.

Car, si vous défendez à ces petits êtres de répéter les libres propos de M. X*** ou de Mme Z*** quelle raison leur donnerez-vous, sinon qu'il faut éviter d'imiter les gens mal élevés. Et alors, ils se demanderont, tout naturellement, pourquoi vous recevez chez vous des gens mal élevés, qui donnent de mauvais exemples.

Et ils auront raison, — parce que, très réellement, vous avez tort de recevoir ces gens-là.

∴

A plus forte raison, la mère devra-t-elle veiller avec soin aux relations d'amitié et de camaraderie de ses enfants.

Qu'elle ne laisse pas ces relations se nouer à l'aventure ; qu'elle les choisisse beaucoup plus d'après les qualités connues des camarades, que d'après la condition de leurs parents.

Il n'est pas bon, a dit Pythagore (*Vers dorés*) « de chercher ses amis dans un rang trop au-dessus, ni trop au-dessous du nôtre. »

Il n'est surtout pas bon que la mère n'apporte pas toute son attention à ces relations.

Une mère aimante et attentive possède un critérium qui lui permettra rapidement de s'apercevoir si l'influence qu'éprouvent ses enfants est bonne ou mauvaise.

Si elle a suivi nos conseils, elle les connaît à fond, ses enfants ! Elle est au courant des moindres particularités de leur personnalité. Elle sait leurs moindres habitudes, leurs expressions ordinaires de langage, etc.

Survient un nouveau camarade. Aussitôt, sous cette influence, surgissent de nouveaux mots, de nouvelles manières, — soit en bien, soit en mal. Si c'est en bien, la mère ne peut que s'en réjouir ; — si c'est en mal, il faut y couper court immédiatement.

C'est surtout pendant les jeux que se révèle le caractère des enfants. La mère s'y intéressera, sans paraître les surveiller, y prendra part au besoin, et cela lui fournira l'occasion de recueillir de précieuses indications sur la tournure d'esprit et sur les qualités morales de son fils et de ses camarades.

*
* *

Tous les livres qui sont mis entre les mains des enfants, soit les livres récréatifs, soit les livres instructifs, soit même les livres scolaires, sont à surveiller plus étroitement encore.

Joël de Lyris a donné, à cet égard, des indications éminemment utiles et pratiques, dans son excellent livre sur *Le Choix d'une Bibliothèque* (Guide de la Lecture.)[1]

Toutes les mères devraient lire attentivement et méditer ce volume, surtout les trois premiers Chapitres relatifs à la bibliothèque de l'enfant, à la bibliothèque du jeune homme et à la bibliothèque de la jeune fille.

Elles y verront que ces bibliothèques ne doivent pas être quelconques, mais exclusivement composées de livres utiles à la formation intellectuelle et morale de ceux auxquels ils sont destinés, et soigneusement expurgées de tout livre inutile, — à plus forte raison de tout livre nuisible.

∴

Nous avons dit que les livres scolaires eux-mêmes devaient être examinés de très près.

Cela tient à l'organisation de l'instruction publique officielle telle qu'elle a été conçue en France, depuis quelques années, par nos gouvernants.

1. Un beau volume in-8° couronne de la « Bibliothèque Aubanel Frères. » — Broché, 3 fr. ; reliure percaline, tranche rouge, 4 fr. (Aubanel Frères, éditeurs, Avignon.)

Ceux-ci ne sont pas des hommes d'État, uniquement mûs par les sentiments supérieurs de la responsabilité que leur donnent leurs fonctions. La plupart sont des parvenus de hasard, uniquement préoccupés de tirer parti de la situation inespérée que les circonstances leur ont permis d'atteindre, et ne demandant qu'une chose : que cela dure le plus longtemps possible.

Or, pour durer, ils sont obligés de s'appuyer sur les forces de désordres auxquelles ils doivent leur élévation. Ils obéissent avec crainte, notamment, au pouvoir occulte de la Franc-Maçonnerie, d'autant plus qu'ils s'en exagèrent démesurément la puissance.

Ce pouvoir occulte, pour établir sa suprématie, cherche à détruire toutes les forces d'ordre : la religion, la morale, le respect des institutions sociales et familiales fondées sur les lois divines et naturelles.

Il n'y réussira certainement pas, puisqu'il entre follement en lutte contre deux forces irréductibles : Dieu, et la Nature, œuvre de Dieu.

Mais il peut faire et il fait réellement beaucoup de mal.

Il a notamment obtenu que le gouvernement *transitoire* (car toutes les institutions démagogiques ont toujours péri misérablement de leurs propres excès) sous lequel nous vivons en France, s'employât à déchristianiser l'instruction publique.

On a commencé par déchristianiser les instituteurs et les institutrices, puis on a confié à ces maîtres dévoyés, démoralisés, l'âme de nos enfants, avec mission de faire de ceux-ci de fidèles serviteurs du régime actuel, imbus de respect pour la forme républicaine, qu'on s'efforce de leur faire considérer comme intangible, — bien que l'histoire de l'humanité soit pleine des exemples de la fragilité de ces constructions sociales factices.

On ne s'en est pas tenu là. On a voulu tuer toute religion et toute morale religieuse chez nos chers petits, de crainte que ces notions d'un ordre supérieur ne rendissent trop évident le désordre mental et psychologique de nos maîtres d'un jour.

On a refait de fond en comble l'histoire de la France, en jettant le discrédit sur les traditions monarchiques et religieuses séculaires de notre pays, qui ont fait rayonner sa gloire sur le monde, — et en faisant remonter tous les progrès uniquement aux désordres révolutionnaires de 1789, qui sont, au contraire, l'origine de notre décadence.

Enfin, des instituteurs n'ont pas craint de renier la patrie elle-même, quels qu'en fussent les gouvernants, même les actuels, alors que ce qui nous console tous, c'est que ceux-ci passeront, mais que la France restera.

Or, tous ces pernicieux enseignements, inspirés par les incitations destructives de tout ordre de la Franc-Maçonnerie, sont aujourd'hui formulés expressément dans les livres scolaires officiels.

Ces livres sont empoisonnés du virus matérialiste, démagogique, et de maximes attentatoires à la vraie morale et au patriotisme. Ils sont les pires des aliments pour les jeunes esprits. Ils pourriront le cerveau de vos enfants.

Et vous hésiteriez à tout braver pour arracher des mains de ceux que vous aimez ces pages souillées de tous les mensonges et de toutes les infamies ?

Au feu, les livres des sectaires !

Cautérisez au fer rouge les morsures par où pourrait s'introduire la bave maçonnique.

Respect aux lois, tant que les lois sont l'expression de l'équité ! Mépris aux lois d'oppression et de persécution, aux lois de parti et de circonstance, aux lois qui sont, entre les mains de ceux qui se croient les plus forts, des armes mortelles dirigées contre les âmes de nos enfants.

Non serviam !... Nous n'obéirons pas !

CHAPITRE IX

La Mère amie et confidente de ses Enfants.

§ 1.

Avant tout, insistons sur ce que nous avons déjà dit : la mère ne doit jamais devenir la *camarade* de ses enfants, c'est-à-dire qu'elle évitera toute familiarité déplacée, et conservera avec soin sa dignité et son prestige.

Mais, cette réserve faite, elle devra, au contraire, s'efforcer, dans la plus large mesure, de superposer à l'amour filial des siens une intense *amitié*, une confiance et une *confidence* sans limites.

L'amitié qui s'établit entre la mère et l'enfant, c'est tout autre chose que l'amour maternel et que l'amour filial.

C'est un sentiment tout aussi délicat et tout aussi intime, mais son objet n'est pas le même.

Dans l'enfant, l'amour maternel voit l'œuvre vivante de la mère, qu'elle a la charge et la responsabilité de poursuivre et de mener à bien. La réciproque est vraie :

dans la mère, l'amour filial voit celle qui a donné le jour, et qui continue sa mission auprès de l'enfant.

L'amitié de la mère et de l'enfant possède, au contraire, des caractères identiques à ceux qui existent dans toutes les amitiés, même entre personnes qui ne sont unies par aucun lien du sang.

C'est un sentiment analogue à l'amitié du mari et de l'épouse, que nous avons vu être bien distincte de l'affection conjugale, ou du moins constituer l'une des parties de cette affection. [1]

L'*amitié* se greffe sur les autres affections et en devient plus tendre, plus intime, mais elle ne perd pas son caractère essentiel d'*échange de bons sentiments, de bonnes paroles et de bons procédés.*

Cela est si vrai que lorsque la mère et la fille, par exemple, causent ensemble, le caractère de leur conversation n'est pas du tout le même quand la première parle *comme mère*, ou qu'elles devisent — comme deux amies, — et que la fille n'exécute pas un ordre maternel de la même façon et animée du même sentiment que lorsqu'elle rend un petit service amical pour faire plaisir.

∴

Pour faire naître et pour entretenir l'amitié, rien n'est plus efficace que de multiplier les manifestations d'amitié.

1. PAUL COMBES. *Le Livre de l'Épouse*, page 33. — Un vol. in-8° couronne de la « Bibliothèque Aubanel Frères ». — Broché, 3 fr. ; reliure percaline, tranche rouge, 4 fr. (Aubanel frères, éditeurs, Avignon).

C'est là une loi psychologique qui s'applique indistinctement à tous nos sentiments.

Nous sommes éminemment sensibles à cette force, — dérivée de l'instinct inné d'*imitation*, — que l'on désigne sous le nom expressif d'*entraînement*.

L'exemple nous entraîne, mais nous nous entraînons aussi nous-mêmes, sans nous en rendre compte, toutes les fois que nous agissons *comme si nous obéissions* à un sentiment.

Ceci a besoin d'explication.

Nous voulons dire que, pour faire naître en nous un sentiment, il suffit que nous répétions des actes correspondant à ce sentiment, alors que celui-ci n'existe pas encore.

Voici, de ce fait, un exemple frappant, dont j'ai été le témoin.

Je me trouvais, chez un ecclésiastique, en même temps qu'un professeur de philosophie qui faisait au prêtre cette confidence.

— Suis-je donc incomplet? Je suis chrétien : eh bien! je n'ai jamais véritablement éprouvé le sentiment de la charité envers le prochain. Je m'acquitte du précepte de la charité, en donnant quelquefois un sou à un pauvre, en contribuant pécuniairement à de bonnes œuvres, et surtout en ne refusant jamais un secours lorsque je suis en présence d'un réel dénuement, — mais je fais cela sans émotion et je dirai presque sans conviction. Je libère simplement ma conscience, par l'accomplissement littéral d'un devoir, sans être animé de l'esprit inspirateur de ce devoir. Est-ce suffisant?

Pendant que le professeur parlait, le visage expressif du prêtre était passé rapidement par plusieurs alternatives de gravité et de sourire. Ce fut en souriant qu'il répondit :

— Vous n'avez pas éprouvé le sentiment de la charité, parce qu'en réalité, *vous n'avez jamais fait un acte de charité !*

Le professeur esquissa un geste de protestation.

— Vos aumônes ! reprit le prêtre... Vous les avez données machinalement, par simple acquit de conscience, comme vous le reconnaissez vous-même... Ce ne sont pas là des actes de charité... Or, pour être *charitable*, pour éprouver le sentiment de la charité, — *il est indispensable de faire des actes de charité*... Avez-vous un moment à me consacrer ?

Et sur un signe affirmatif, il ajouta :

— Venez avec moi !

Puis se tournant vers moi :

— Je vous emmène !

Nous ne fîmes que traverser la rue, et nous montâmes dans la maison d'en face, au sixième étage. Le prêtre avait visiblement l'habitude des êtres, car il alla tout droit à l'une des portes donnant sur le couloir.

La clef était sur la serrure. Il ouvrit, entra, et nous le suivîmes.

Sur le carreau de brique, il y avait, pour tout meuble, une paillasse recouverte d'un drap propre et d'une vieille couverture. Sous la couverture, un vieillard aux traits osseux qui souleva légèrement la tête et nous sourit pour nous exprimer sa satisfaction de nous voir.

Le prêtre prit sa main en disant :

— Comment cela va-t-il aujourd'hui?

— Toujours la même chose, Monsieur le Curé, répondit-il d'une voix fatiguée. Ni mieux, ni plus mal.

— Vous voyez que le bon Dieu ne vous oublie pas, puisqu'il vous envoie des visiteurs. Ne l'oubliez pas non plus!

« Ce pauvre homme, continua le prêtre, en s'adressant à nous, est absolument seul au monde. Après une vie de labeur, fatigué et âgé, ses forces l'ont abandonné peu à peu, et il ne peut quitter sa couche. On ne l'admet pas à l'hôpital, *parce qu'il n'a aucune maladie !*

« Il serait donc mort de faim dans sa chambre, si les voisins n'avaient pourvu à ses besoins et ne m'avaient prévenu. L'assistance publique lui donne à peine de quoi payer sa chambre. La charité privée fait le reste. Mais ce n'est pas seulement de l'argent qu'il lui faut; il lui faut des soins matériels, puisqu'il ne peut quitter le lit pour aller aux provisions, faire la cuisine, faire son lit, nettoyer sa chambre et même changer de linge.

« Alors, avec quelques-uns de mes paroissiens, nous nous sommes partagé la besogne. Tous les jours, l'un de nous vient visiter le père François, et subvient de son mieux à ses besoins. *On fait ce qu'on peut !*

Le prêtre se tourna vers le professeur et lui dit :

— Mon jour est le lundi. Pouvez-vous me remplacer ce jour-là et faire au père François une visite d'une heure? Cela me permettra... *de m'occuper d'un autre !*

— Bien volontiers! répondit le philosophe en lui tendant la main pour sceller l'engagement.

Et il la tendit aussi au vieillard.

— Comme cela, disait le curé en descendant l'escalier, vous apprendrez bientôt ce que c'est que la charité et vous en éprouverez le sentiment.

C'est ce qui arriva.

Tous les lundis le professeur alla rendre visite au vieillard.

La première fois, il se contenta de lui apporter d'abondantes provisions posées sur une planche à portée de la main du père François.

La deuxième fois, il fit plus. Il balaya la chambre, qui en avait grand besoin.

Puis il refit le lit, soulevant le vieillard avec des précautions maternelles. Il apporta une de ses chemises pour remplacer celle du père François et la lui passa. Il lui rendit même d'autres services nécessités par l'impossibilité où se trouvait le pauvre homme de se lever pour se rendre aux water-closet situés sur le palier.

Ce n'est pas le professeur qui a raconté tout cela. Il a gardé jalousement dans son cœur, comme le plus précieux des trésors, le secret de l'ascension mystérieuse de la charité dans son âme. C'est le père François qui a révélé au curé ce merveilleux résultat de l'entraînement divin des actes sur nos sentiments intimes, et le prêtre s'est bien gardé de violer le silence, plein des joies ineffables de la charité, où s'était renfermé le philosophe. Mais il a su que celui-ci consacrait une grande partie de son temps à rendre service aux pauvres, et de préférence aux infirmes, et c'est de lui que j'ai appris ces faits comme confirmation de la thèse indéniable de l'influence des actes sur les sentiments.

* * *

Or, nous trouvons une application directe de cette thèse dans toutes les affections : amour maternel, amour filial, amitié, etc.

Les affections les plus vraies, les plus profondes, celles qui sont en apparence les plus solides, semblent avoir besoin, pour rester vives, d'être constamment ranimées par des manifestations extérieures.

Dante disait de l'amour sensible :

. . . . poco dura
Se il tatto o l'occhio no l' riaccendo

Ce que traduit assez bien notre vieux proverbe français : *Loin des yeux, loin du cœur.*

Aussi, dans la famille, les caresses excitent-elles plus vivement la tendresse qui nous porte à les prodiguer.

L'enfant caressant est plus aimé de ses parents, et les aime davantage, parce qu'il réveille plus souvent l'affection dans leur cœur et dans le sien.

Par malheur, l'âge efface insensiblement cette habitude : devenus grands, nous avons honte de la naïveté de nos expansions ; nous ne nous apercevons pas que la froideur extérieure dont nous nous enveloppons alors nous passe bientôt jusqu'au cœur. De là quelquefois l'indifférence qui s'établit entre les membres d'une même famille ; de là cette désaffection réciproque qui les sépare, vers le milieu de la vie, et les rend étrangers l'un à l'autre, sinon hostiles.

Que l'on cherche bien, et l'on verra que, peut-être, du premier jour où l'on a, à son lever, oublié d'embrasser son père ou sa sœur, on a commencé à les moins aimer, A force de supprimer l'expression d'une émotion, on s'en désaccoutume ; au contraire, la manifestation d'un sentiment l'entretient, le surexcite, l'exalte, comme l'exercice du corps le rend plus fort et plus souple, comme l'usage de la parole accroît l'énergie de l'esprit.

Aussi, la perte des habitudes caressantes de l'enfance est-elle un grand malheur dans nos mœurs, — car c'est une des causes les plus propres à détruire l'affection de famille, qui est la plus douce, la plus sûre, et la plus constamment bienfaisante de toutes les amitiés.

§ 2.

L'amitié qui unit la mère et les enfants a, pour base essentielle, la *confiance.*

Une fois imbus de ce sentiment, les enfants confient à la mère absolument tout ce qu'ils ont sur le cœur, et lorsqu'ils ont besoin d'un conseil, c'est à elle qu'ils s'adressent.

La mère obtiendra cet abandon complet de l'âme de ses enfants, en le favorisant par tous les moyens dont elle dispose. Elle ne s'étonnera jamais de leurs confidences, et elle n'en abusera jamais.

Ceci est un point essentiel.

L'enfant a naturellement le cœur ouvert, surtout pour sa mère. Malheureusement, certaines mères ne comprennent pas que, pour conserver cette confiance naïve de l'enfant, il ne faut pas que leurs confidences deviennent le point de départ, soit de surprise exagérée, soit de reproches.

Cachez toujours l'impression désagréable que vous pouvez avoir l'occasion d'éprouver à la suite de certaines confidences de l'enfant. Cachez-la, parce que, s'ils s'en apercevaient, ils pourraient être incités à parler avec moins de franchise.

D'autre part, lorsqu'ils avouent franchement une imprudence, une faute même, ce n'est pas le moment de les blâmer. Il faut, au contraire, dire immédiatement à l'enfant :

— Tu as bien fait de ne pas me cacher cela. Je t'en sais gré, et je te pardonne, sans restriction, ton erreur, en raison de ton ouverture de cœur.

En un mot, l'idéal est d'arriver à entretenir les enfants dans un tel état d'esprit qu'ils n'éprouvent aucune hésitation à dire tout ce qu'ils pensent sans ambages, avec cette conviction que la vérité sera toujours louée, et que tout mensonge sera puni.

∴

La confiance de l'enfant étant ainsi justifiée par la conduite logique et sage de la mère, il n'y a pas de raison pour qu'elle ne continue pas à se perpétuer à mesure qu'il grandit.

L'enfant s'habituera rapidement et facilement à cette idée que la mère est, de beaucoup, la meilleure des conseillères, justement parce qu'elle s'inspire de son cœur tout autant que de sa raison. Et, dès lors, c'est son avenir entier qui sera entre les mains de sa mère, parce qu'il ne fera rien sans la consulter.

Jean-Paul Faber rapporte, à ce propos, quelques détails, qui ont leur place ici :

« Voici la réponse dédaigneuse que je m'attirai un jour de la part d'un père de famille appartenant à la haute bourgeoisie :

« — Pourvu qu'il me rapporte ses deux oreilles, c'est tout ce que je lui demande.

« Tel fut le loyer que je reçus pour l'intérêt vrai, je vous assure, que je croyais lui témoigner en m'enquérant des précautions dont, selon ma simplicité, il avait dû entourer le séjour de son fils unique à Paris, où il l'avait envoyé étudier le droit.

« Sur le même thème, écoutez cette variation tout autre :

« — Je n'ai pas voulu placer mon fils dans la fabrique où il était convenu qu'il entrerait, non pas seulement parce que le chef actuel de l'établissement est un ivrogne scandaleux, mais parce que, malgré sa mauvaise conduite, grâce à d'anciens commis de la maison qu'il a conservés, ses affaires sont visiblement en prospérité. Je ne veux pas que mon fils ait chaque jour devant les yeux la preuve que l'on peut être gangrené par les vices et les mauvaises passions et néanmoins faire fortune. C'est une exception, je le sais bien, mais il n'est pas sûr qu'il verrait la chose comme cela.

« Je viens de transcrire, rien de plus, le langage que tint devant moi *une veuve, une petite bourgeoise de province,* à qui l'on demandait, en ma présence, des nouvelles de son fils, que l'on croyait en apprentissage à Paris.

« De quel côté la raison, le jugement, la haute moralité! Inutile de le dire. Mais comment espérer de voir jamais l'unité s'établir dans les tendances morales d'un peuple, chez qui, à tous les degrés de l'échelle sociale, se produisent des divergences aussi tranchées en matière d'éducation. Autant vaudrait compter que l'on obtiendra les mêmes récoltes dans deux champs, dont l'un aurait été semé au hasard, tandis que, dans l'autre, toutes les règles prescrites par l'observation et l'expérience auraient été prises pour assurer la bonne levée des grains.

« Est-ce qu'il faudra toujours donner gain de cause à ces mauvais plaisants qui prétendent qu'il n'y a qu'un moyen de réformer un peuple par l'éducation : c'est de refaire celle des parents ? »

Nous ne sortons pas de notre sujet.

Il est bien évident, en effet, que si la mère est l'amie et la confidente de ses enfants, elle sera au courant de leurs projets d'avenir et pourra les aiguiller dans la meilleure voie qui leur convienne.

Quant à la boutade par laquelle Jean-Paul Faber termine ses réflexions, elle renferme une grande part de vérité.

Oui, il est bien vrai que l'éducation des enfants dépend de celle de leurs parents et surtout de celle de leurs mères.

Mais ce problème : refaire l'éducation des parents, est-il vraiment aussi insoluble qu'ont l'air de le prétendre « les mauvais plaisants ? »

Pas le moins du monde! L'affection des parents, l'affection maternelle surtout est capable d'accomplir des miracles. La mère la moins préparée à son rôle d'éducatrice, peut, *à la lettre, refaire sa propre éducation*, afin d'être à même de venir à bout de celle de ses enfants.

J'ai connu une mère qui avait *appris le latin*, afin de l'enseigner elle-même à son fils, et de lui éviter la promiscuité d'un lycée de l'État.

A plus forte raison une mère peut-elle s'assujettir à la discipline morale et même à l'étude psychologique nécessaire, pour arriver à faire de ses enfants des hommes et des femmes honnêtes, utiles et heureux.

Certaines mères se sont tellement pénétrées de la responsabilité qui leur incombe vis-à-vis de leur famille qu'elles en ont acquis des clartés particulières sur la vie de ce monde.

Elles voient ou elles devinent toutes choses avec un sang-froid et une lucidité qui en font de précieuses conseillères, non-seulement pour leurs enfants, mais encore pour toutes les personnes qui les approchent.

J'ai vu de ces femmes qui, grâce à leur sagesse raisonnée et clairvoyante étaient devenues de véritables oracles, et que les hommes eux-mêmes consultaient avec déférence sur une foule d'objets de la vie pratique.

Heureuse la mère que son amour pour ses enfants incite à acquérir cette sagesse, afin que ceux qu'elle aime puissent en bénéficier.

Il y en a beaucoup plus qu'on ne le croit, de ces mères modèles. On les ignore, parce qu'elles cachent modestement leurs mérites. Mais combien il m'a été donné d'en connaître qui, dans la prière et dans la méditation, ont puisé de telles lumières, qu'elles orientent leur famille, non seulement vers le bien moral, mais aussi vers la prospérité matérielle, parce qu'elles scrutent l'avenir avec une clairvoyance indéfectible.

Leurs enfants, habitués à ne voir que par les yeux de leur mère, s'en trouvent bien. Elle est le phare de leur existence. Lorsqu'elle parle, ils sont sûrs que la vérité et la vertu ont dicté ses conseils, et qu'ils peuvent les suivre aveuglément.

Mais pour jouer ce rôle important, on voit combien la mère a dû se préparer elle-même avec soin, afin de le remplir sans erreur et sans défaillance.

Essayez, madame ! Toute mère aimante en est capable !

CHAPITRE X

Rôle de la Mère et de la Grand'Mère auprès de leurs grands et de leurs petits enfants.

§ 1.

Il n'y a pas de raison, avons-nous dit, pour que la mère ne continue pas à conserver indéfiniment sur ses enfants le prestige qu'elle a su acquérir, et que, même lorsqu'ils sont devenus des hommes, et qu'elle a atteint un âge avancé, sa sagesse ne soit pas toujours pour eux une source de bons conseils, respectueusement écoutés.

Cependant, qu'elle ne se fasse pas d'illusions. Ses conseils, disons-nous, seront toujours respectueusement *écoutés* ; — mais cela ne veut pas dire qu'ils seront toujours rigoureusement *suivis*.

Outre que la jeunesse est présomptueuse et qu'elle croit en savoir plus long que les personnes expérimentées, — certaines mères, dans leurs conseils, se préoccupent trop de leurs propres intérêts.

Nous avons déjà eu l'occasion de signaler, — dans le Chapitre II, — la malheureuse influence d'un égoïsme maternel qui, à l'occasion, peut devenir féroce.

Dans ce cas, comment la mère pourrait-elle s'étonner que ses enfants *lui échappent*, alors que ceux-ci s'aperçoivent qu'elle se préoccupe, trop visiblement, plutôt de ses intérêts personnels que des leurs ?

Cela est surtout fréquent, nous l'avons déjà signalé, à l'occasion du mariage des fils ou des filles. Que de mères, au lieu de considérer l'avenir et le bonheur de leurs enfants, tiennent seulement compte, dans ces circonstances, de ce que deviendra leur propre situation.

∴

Un autre travers des mères, c'est de vouloir intervenir, trop directement, et à tout propos, dans l'intérieur de leurs enfants. Elles ne peuvent pas se résigner à abdiquer, le moment venu, leur autorité maternelle, et il en résulte forcément des chocs et des froissements.

Pourquoi oublient-elles si vite qu'elles-mêmes furent jeunes, qu'elles se trouvèrent dans la même situation où se trouvent aujourd'hui leurs fils ou leurs filles, et qu'elles eurent, fort probablement, à souffrir, peu ou prou, de l'intrusion maternelle.

Que, si elles n'ont pas eu à en souffrir, pourquoi opéreraient-elles autrement, vis-à-vis de leurs enfants, que leurs mères n'ont agi vis-à-vis d'elles ?

Il y a là un phénomène psychologique d'observation courante.

Nous avons tous été jeunes, et tous, plus ou moins, nous avons considéré comme une entrave la sollicitude paternelle et maternelle. Nous aspirons à l'émancipation.

Nous voici, à notre tour, à la tête d'une famille, et notre psychologie s'est transformée. Nous exigeons, de nos enfants, ce que nous déplorions comme une tyrannie lorsque nous étions jeunes.

C'est que les points de vue sont différents. Les enfants sont avides de *liberté ;* les parents sont prodigues de *lisières.*

La sagesse, de part et d'autre, consiste à *établir un raisonnable compromis entre les lisières et la liberté.*

Cela n'est pas vrai seulement en fait d'éducation familiale, mais dans toutes les affaires humaines, car la même psychologie domine la vie entière de l'humanité.

* *
*

Comment la mère de famille dont les enfants sont devenus grands appliquera-t-elle ces principes ?

Avec sagesse !

Or, que dit la sagesse ? Que la raison de l'enfant et la raison de la mère forment un tout qui se complète d'une façon bien différente suivant l'âge de l'enfant.

Tant que l'enfant est jeune, c'est la raison de la mère qui supplée à la débilité de sa propre raison. Mais à mesure que sa raison se développe, la mère a de moins en moins à intervenir.

Un moment arrive où l'enfant se juge assez complet pour pouvoir se diriger lui-même sans aucune intervention étrangère, et dans ce cas, la mère ferait fausse route si elle prétendait vouloir continuer à lui imposer sa direction.

Elle peut continuer à lui donner des conseils, mais elle aurait tort d'exiger que ces conseils soient suivis. Elle créerait, par son exigence, une source de conflits qu'il est toujours sage d'éviter, en vue de l'union de la famille, et de la défense de ses intérêts contre toutes les causes d'affaiblissement qui la menacent, notamment par suite de l'ingérence de plus en plus grande de l'État moderne dans le milieu familial, de ses prétentions à la mainmise sur l'âme de nos enfants, et à des pratiques inquisitoriales qui seraient la ruine de toute liberté naturelle.

Restons unis! Fortifions le foyer domestique et la famille... *contre l'État!*

Et pour cela, mères, faites le sacrifice de votre autorité, lorsque vos enfants, émancipés par l'âge et le mariage, croient pouvoir se passer de votre direction.

— Mais, j'ai plus d'expérience qu'eux, direz-vous pour justifier votre intervention.

Prenez garde de vous méprendre sur ce que signifie le mot *expérience* et de lui donner un sens qu'il n'a pas.

Pour avoir de l'expérience, il ne suffit pas d'avoir *vieilli*, — il faut aussi avoir *vécu, expérimenté.*

Or, si, conformément aux pernicieuses méthodes actuelles, vous avez été élevée vous-même dans du coton, — si vous n'avez pas réagi contre cette mauvaise éducation par des acquisitions nombreuses de principes pratiques, il y a des chances pour que votre expérience soit fort inexpérimentée.

Si, d'autre part, vous avez élevé vos enfants d'après les principes rationnels que nous exposerons dans *Le Livre de l'Éducatrice*, où nous recommandons *l'école de l'expérience*, il y a aussi des chances pour qu'ils aient autant d'expérience que vous, sinon plus, et vous ne pouvez que vous en réjouir.

*
* *

Au risque d'être cruel, j'oserai ouvrir vos yeux, mères qui me lisez, sur l'évolution de votre psychologie maternelle.

Plus votre enfant était petit, plus vous vous êtes sacrifiées avec délices pour développer son corps et son âme.

A mesure qu'il grandit et qu'il a de moins en moins besoin de vous, votre amour maternel se double de la crainte qu'il vous échappe. C'est avec tristesse, c'est avec jalousie, que vous voyez naître en lui de nouveaux goûts, de nouveaux désirs, de nouvelles affections.

En réalité, l'enfant n'est *entièrement à vous* que lorsqu'il est tout petit. Alors, il ne connaît que vous, il n'aime que vous et il fait tout ce que vous voulez.

Au contraire, plus il se développe, plus il vous échappe. Et alors, naît en vous le besoin, le désir de le retenir quand même, d'entraver le plus possible la marche des *lois naturelles* qui le détachent insensiblement de vous.

La tâche que vous entreprenez est vaine.

Les lois divines et naturelles vous font la mère et l'éducatrice de l'enfant, et ne vous donnent de pouvoir sur lui que ce qu'il vous en faut pour accomplir votre œuvre maternelle et éducatrice.

L'enfant est à vous,... tant qu'il a besoin de vous.

Ensuite, il devient une créature autonome, en pleine possession de sa liberté et de sa responsabilité.

Qu'il vous doive son affection, son respect, sa reconnaissance, c'est indéniable. Dès qu'il a quitté le foyer maternel pour fonder un autre foyer, il ne vous doit plus une obéissance passive, mais seulement une déférente attention à vos avis.

C'est faute d'avoir compris cette situation, créée par les lois divines et naturelles, que tant de mères interviennent fâcheusement dans l'intérieur de leurs enfants, au risque d'amener les plus désastreuses conséquences.

Si c'est auprès de leur fille, récemment mariée, elles arrivent quelquefois à mettre la jeune femme dans la terrible alternative de rompre soit avec sa mère, soit avec son mari.

Une mère sage devrait se rendre compte que de même qu'elle aime à être la maîtresse chez elle, son gendre, et aussi sa propre fille, aiment bien à être les maîtres chez eux, et supportent difficilement toute ingérence étrangère.

L'intervention d'une mère dans le ménage de son fils récemment marié a des conséquences plus redoutables encore, car si un gendre supporte parfois sans trop se plaindre les exigences d'une belle-mère, — *une bru ne les supporte jamais*. Devenue *maîtresse de maison*, elle entend rester seule ma tresse dans sa maison.

Mères, ne soyez pas plus exigeantes que Dieu lui-même !

Son Décalogue ne dit que ceci :

« *Honore* ton père et ta mère, afin que tu vives longtemps sur la terre que le Seigneur ton Dieu te donnera. »

Mais il ne donne nullement à la mère le droit d'accaparer pour elle seule ses enfants et de leur imposer l'obéissance après le jour où ils ont quitté la maison maternelle.

J'ai tenu à insister sur ce point, parce que l'ingérence inconsidérée des mères dans le ménage de leurs enfants est l'une des causes les plus fréquentes et les plus graves des discordes dans les familles.

*
* *

Par conséquent, la mère qui tiendra à conserver la tendre affection de ses enfants, et leur déférence pour ses conseils, se contentera de leur donner de bons avis, sans jamais chercher à imposer sa manière de voir.

Et savez-vous quand vos avis auront le plus de chances d'être écoutés ? C'est lorsqu'ils seront inspirés, — non par des considérations, souvent inconscientes, de votre égoïsme personnel, — mais par l'intérêt bien entendu de vos enfants. Ce n'est pas à votre point de vue qu'il faut vous placer, c'est au leur. Ce qui doit vous intéresser, c'est *ce qui les intéresse !*

Moyennant l'emploi constant de cette règle de conduite, vous serez sûre de ne jamais faire fausse route.

En somme, il s'agit de continuer à remplir votre rôle de mère, exactement comme lorsque vos enfants étaient petits, c'est-à-dire qu'il faut continuer à sacrifier votre manière de voir, vos goûts, vos désirs, quelquefois même vos propres intérêts, pour assurer le bonheur de vos enfants.

Vous n'en serez que plus heureuse vous-même !

§ 2.

Tout le premier paragraphe de ce Chapitre pourrait être résumé dans cette pensée :

A mesure qu'elle avance en âge, la mère doit croître, — s'il est possible, — en *bonté !*

C'est la bonté qui donnera, à la mère d'enfants devenus grands, le charme irrésistible qui les retiendra auprès d'elle et qui les rendra toujours attentifs à lui plaire. C'est la bonté qui rendra sa présence, non pas seulement *supportable*, mais même agréable à ses gendres et à ses brus.

La bonté et aussi la *bonne humeur*.

En vieillissant, on a une tendance bien naturelle à voir toutes choses sous un aspect plus grave. On sent que l'on s'achemine, d'une marche ininterrompue, vers un événement de plus en plus proche, le passage de la vie de ce monde à la vie de l'éternité.

Ce passage n'a rien d'effrayant pour ceux qui savent que la vie d'ici-bas n'est qu'une épreuve temporaire, et qui ont fait tout ce qui dépendait d'eux pour que cette épreuve tournât à leur avantage.

Par conséquent, nous dirons aux mères :

Que vous songiez aux fins dernières, rien de mieux : plus on y songe, mieux on s'y prépare !

Mais ne laissez pas ces préoccupations légitimes voiler d'un reflet morose votre vie ordinaire. Songez que vous vivez, ou que vous avez des relations, avec des personnes encore pleines de vie et d'espérance, et dont l'exubérante jeunesse ne saurait s'accommoder de votre humeur sombre.

Mettez-vous à l'unisson de votre milieu. Craignez que trop de gravité ne produise une impression pénible pour ceux qui vous aiment. Efforcez-vous, au contraire, de faire oublier, et d'oublier vous-mêmes, les inconvénients de votre âge, par une constante gaîté, par une perpétuelle amabilité.

Que de femmes âgées se rendent agréables par la coquetterie de l'esprit ! Il est un autre artifice qui est plus à la portée de toutes les mères, c'est la coquetterie de la bonne humeur.

La bonne humeur exerce partout et toujours le plus grand charme. Elle soulage le cœur, elle déride les fronts, elle est une clef qui ouvre la porte à toutes les affections.

Agissez de telle sorte que lorsque vos enfants vous voient arriver, ils sautent de joie en s'écriant :

— Quelle chance ! Voilà maman !

∴

Enfin, le jour arrive où la mère dont les enfants ont grandi et se sont mariés, voit refleurir pour elle-même une nouvelle maternité dans les enfants de ses enfants.

La voilà grand'mère !

Il y a des coquettes qui redoutent ce titre parce qu'il les vieillit. Nous n'en parlerons pas : ce livre n'est pas écrit pour les femmes qui sacrifient les gloires de la maternité aux vaines illusions de la coquetterie. Elles ne forment, d'ailleurs, qu'une infime et peu enviable minorité.

La plupart des mères n'ont pas de vœu plus cher que celui de devenir grand'mères. C'est leur création qui s'étend, c'est leur œuvre qui se propage, c'est leur sang qui anime de nouveaux êtres, — et dans leurs petits enfants, ils revoient la première enfance de leurs propres enfants. Elles retrouvent, en choyant ces nouveaux-nés, les premières joies de leur maternité. Auprès de ces berceaux, elles recommencent leur vie maternelle.

Les philosophes et les poètes sont unanimes à signaler les affinités psychologiques qui attirent si visiblement les uns vers les autres les jeunes enfants et les grands parents.

C'est qu'il y a là une loi naturelle qu'Aimé Martin a signalée dans une page des plus éloquentes [1], destinée à relever l'un des innombrables sophismes contenus dans *Emile* ou *De l'Education* par l'illuminé Jean-Jacques Rousseau.

« Il y a, dans le livre de Rousseau, dit Aimé Martin, une contradiction, sur laquelle il est bon de jeter quelque lumière.

1. L. Aimé Martin. *Philosophie sociale. Éducation des Mères de famille ou de la Civilisation du genre humain par les femmes.* — Tome I, p. 16 (Édition de 1850, en 2 tomes, Paris, Charpentier).

« Si, d'une part, il rend les mères aux enfants, et travaille ainsi à rétablir la famille, — d'autre part, il reprend l'enfant des bras de la mère, et le livre à un gouverneur qui doit tout remplacer. *On dirait que son but est de briser tous les liens de la nature :* car la nature donne à l'enfant des frères, des sœurs, des oncles, un père, un grand-père, douce prévoyance qui l'environne, en naissant, des joies de son âge et de la raison des temps passés ! Chasserez-vous cette foule joyeuse, qui le reçoit avec tendresse aux portes de la vie ? Détruirez-vous *cette loi* qui prépare avec tant de sollicitude des affections à son enfance, des conseils et des exemples à sa jeunesse ? *On ne touche point aux lois de la nature sans déranger des prévoyances, sans anéantir des bienfaits.*

« Observez seulement les résultats de cette théorie dans la perte des relations, en apparence si peu importantes, du vieillard et de l'enfant. La Providence ne les réunit qu'un moment au coin du foyer domestique, — mais que de profondes impressions dans cette entrevue si courte : c'est une vie qui se dégage, et une vie qui se prépare. L'enfance se joue autour de la vieillesse pour lui donner ses dernières joies, pour en recevoir ses premières instructions : doux échange, où les faiblesses des deux âges produisent les plus touchantes consonnances.

« Voyez comme les deux extrémités de la vie se rencontrent dans les même penchants, et comme ces penchants sont favorables aux délassements de l'un et à l'éducation de l'autre. Il y a un charme qui les rapproche : le vieillard aime à parler, l'enfant à l'écouter ; — le vieillard ne s'aperçoit pas qu'il se répète, l'enfant ne se lasse pas des répétitions ; — il s'amuse de ce qu'il sait, comme le vieillard de ce qu'il redit.

« — Conte-moi l'histoire d'hier ! s'écrie l'enfant.

« Et son attention est captivée aujourd'hui comme elle l'était hier, et cent choses nouvelles le frappent dans cette histoire déjà contée cent fois. Ainsi, les infirmités mêmes de la vieillesse entrent dans les prévoyances de la nature ; — ainsi la troupe folâtre des petits enfants est attirée par l'amour, retenue par la curiosité sous la main du vieillard qui la bénit ! »

Aimé Martin a le style un peu ampoulé de son époque, mais il exprime, — en un langage devenu aujourd'hui désuet, — des idées qui sont de tous les temps. Tout ce qu'il dit s'applique à la mère et à la grand'mère.

Il est bien certain que rien au monde ne peut suppléer à l'organisation naturelle de l'éducation familiale, telle que la sagesse providentielle y a pourvu. La mère et la grand'mère sont les rouages indispensables de cette organisation.

Voilà pourquoi elles doivent s'attacher, — non seulement à ne rien faire qui puisse y porter préjudice, — mais aussi à la favoriser de tout leur pouvoir, en écartant, avec une prévoyante patience, toutes les causes de conflits familiaux.

La grand'mère remplit, dans les familles, un rôle modérateur. Elle est l'expérience, et elle est, par cela même, l'indulgence.

Car les mères de familles auxquelles ce livre est destiné ne tarderont pas à s'apercevoir que c'est surtout la vertu d'indulgence que nous inculque l'expérience de la vie.

Plus nous vivons, plus nous nous rendons compte de notre propre faiblesse, des raisons qui expliquent et qui excusent cette faiblesse. Nous sommes moins prompts à juger, à blâmer, à condamner.

« Tout comprendre, c'est tout pardonner, » a dit Mme de Staël.

Les mères, et surtout les grand'mères pardonnent tout, parce qu'elles comprennent tout.

CONCLUSION

La Mission de la Mère.

§ 1.

C'est intentionnellement que nous n'avons pas insisté, au cours de ce volume, sur le côté religieux du rôle de la mère, c'est-à-dire sur la partie la plus importante de sa tâche.

Outre que ce sujet sera plus amplement traité dans *Le Livre de l'Educatrice*, — puisque la base fondamentale de toute éducation, c'est l'éducation religieuse, — nous tenions, avant tout, à faire ressortir, aux yeux de la mère, toute l'étendue de sa *responsabilité*.

Or, rien ne dégage mieux cette responsabilité que les détails exposés dans les chapitres qui précèdent. Toute mère qui les aura lus attentivement, qui les aura médités, se rendra compte qu'elle a reçu, de par sa maternité, une mission qu'elle ne peut esquiver, dont elle ne doit se décharger sur personne, et qui entrainera, pour elle et pour ses enfants, les plus graves conséquences, si elle la néglige.

Il est d'observation quotidienne que les enfants sont ce que les ont faits leurs mères.

A mères rationalistes, fils athées et dévoyés : voyez Victor Hugo, Edgar Quinet, Michelet.

A mères chrétiennes, enfants de lumière, de vertu et de bonheur. A sainte Monique, saint Augustin ! A Blanche de Castille, saint Louis !... Les exemples se pressent en si grande abondance sous la plume, et sont tellement présents à tous les esprits éclairés, qu'il est inutile de les multiplier davantage.

Voilà ce que nous révèlent l'histoire entière de l'humanité et la vie de chaque jour. Non pas l'histoire éclatante des chroniqueurs et des poètes qui chantaient les héros dans les chansons de gestes ; — non pas la vie mondaine dont les échos s'étalent en paillettes vaniteuses dans la presse périodique. Mais la vie modeste, cachée, utile des familles chrétiennes à toutes les époques.

Les siècles passés nous ont heureusement légué l'histoire de l'ancienne famille française dans les *Livres de Raison*.

« Ces livres de raison, dit M. Henry Bordeaux [1], étaient d'humbles livres de comptes où l'on prit bientôt l'habitude de noter, à côté de l'administration du patrimoine, les faits importants de la vie privée, tels que mariages, décès, naissances. Bientôt on y ajouta quelques réflexions qui suffisent à exprimer

1. HENRY BORDEAUX. *L'ancienne famille française* (*Revue Montalembert*, 25 juin 1908.) — C'est un délicieux discours prononcé par l'auteur à la séance solennelle de clôture des conférences de la *Réunion des Étudiants*, le 29 mai 1908.

toute une sensibilité, toute une conception de l'existence... Nous avons un grand nombre de ces livres de raison. Le passé de nos pères s'y évoque et nous parle avec la majesté d'un testament. C'est l'Evangile des sages. Or, il annonce la foi dans la vie pour qui s'inspire de ses pères et promet d'être leur digne continuateur. »

Ce qu'il y a de plus frappant dans ces journaux domestiques qui nous révèlent la vie et les croyances de nos pères, c'est qu'ils s'ouvrent toujours par des préambules pieux. Dieu y est invoqué comme présidant à la vie privée comme à la vie publique, comme veillant sur la famille et sur les biens.

Un jeune homme qui se marie écrit cette mention :

« Dieu veuille que ce soit pour longues années et que la bénédiction du ciel descende sur nous. »

La naissance des enfants est considérée, avec raison, comme un signe de la bénédiction divine. N'est-ce pas collaborer à l'œuvre de Dieu que de multiplier le nombre des vivants ?

Il a fallu arriver à notre époque de décomposition intellectuelle et morale pour que des esprits dévoyés aient osé proclamer, et des esprits faibles admettre, qu'il valait mieux ne pas donner la vie à beaucoup d'enfants, — et qu'une prudence égoïste conseillait d'en réduire coupablement le nombre.

Sur les livres de raison, on laissait, au contraire, beaucoup de pages blanches, avec cette mention :

« Naissances des enfants que Dieu voudra bien me donner. »

Pagès, marchand d'Amiens, salue ainsi la naissance d'un neuvième enfant.

« La divine bonté, continuant de verser ses saintes bénédictions sur notre mariage, nous favorise par la naissance d'un fils. Je prie Dieu de tout mon cœur que, par le mérite de son très précieux Sang, il lui plaise de faire la grâce au père, à la mère et à nos neuf enfants tous vivants, de le servir si fidèlement sur la terre que nous puissions le posséder éternellement dans le ciel. »

Car c'est uniquement pour le service de Dieu et sa plus grande gloire que les parents se réjouissent de la naissance de nombreux enfants. D'humbles artisans écrivent à la naissance d'une fille :

« Si elle doit offenser Dieu, que Dieu lui fasse la grâce de la retirer de ce monde avant qu'elle ait l'usage de la raison. »

C'est le mot de Blanche de Castille : *Aut sancta, aut nulla*, — « ou sainte, ou morte ! »

A cette époque de foi, reines et artisans pensaient tous de même. C'était l'égalité devant Dieu, — la seule logique, la seule qui existera toujours !

Il y a des mères de douleur ! avons-nous dit dans notre Introduction.

Il y en a toujours eu. Mais, — aujourd'hui comme autrefois, — celles qui ont la foi se résignent.

Nous lisons dans un livre de raison :

« Anne, notre fille, est décédée de ce monde pour s'en aller aux cieux. Dieu nous conserve le surplus de nos enfants en son honneur et gloire. »

Dans un autre :

« Le bon Dieu est le maistre, il donne les enfants, il les oste et sçait pourquoi. »

La vie était dure dans ces nombreuses familles, mais, — en s'aidant d'un travail et d'un courage infatigables, on avait surtout confiance en Dieu.

Louis du Laurens, ayant dix enfants et pas de fortune, écrit à sa femme.

« Il ne faut point avoir espoir aux hommes, tout en Dieu. Étant chrétienne comme vous êtes, ne vous fâchez de rien. Tout en Dieu qui est le père commun de nous tous et qui nous mandera ce qui est nécessaire. »

M. Henri Bordeaux cite, à ce propos, un exemple typique :

« Joseph de Sudre, d'Avignon, se marie jeune et a *dix-huit enfants*, de 1662 à 1688. Aujourd'hui les pères et les mères se lamentent quand ils en ont trois ou quatre. Son journal domestique est l'histoire, j'allais dire l'épopée, de toute une vie de dévouement, d'efforts, d'épargne, de privations, employée à faire l'éducation de cette nombreuse famille. Malgré les mauvaises récoltes, il ne ménage rien pour cette éducation. Car c'est alors un des principes de la vie de famille que le père doit à ses enfants une bonne et forte éducation. Dans la vieille langue française, on disait *nourrir* un enfant, pour exprimer non seulement son allaitement, mais aussi son éducation morale. Joseph de Sudre perd son fils Jean-Joseph, capitaine au service du roi, qui lui donnait le plus d'espérances. Dans le livre de famille, il écrit son oraison funèbre et il ajoute : — Je m'appauvrissais pour lui avec plaisir! »

Ah! c'est qu'à cette époque, l'honneur fut toujours plus considéré que les biens. Lisez ce qu'écrit un gentilhomme rural. Vous verrez combien cela nous change des us et coutumes des modernes politiciens!

« Il doit nous suffire que tous nos ancêtres aient été de très honnêtes gens... Il vaut mieux une bonne réputation que dix mille livres de revenus de plus [1]. J'ai le plaisir d'entendre louer tous les jours la vertu, la probité et l'intégrité de mon père. On le pleura dans chaque famille comme s'il en eût été le chef. Tous nos ancêtres l'avaient été de même parce qu'ils marchaient tous dans la voie de la vertu. Ils étaient fort charitables envers les pauvres. Je vous recommande la pratique de cette vertu. Elle est un devoir que Dieu nous impose en nous donnant beaucoup de biens, et on en reçoit la récompense dans ce monde-ci même. C'est aux aumônes que l'on a toujours faites dans la maison que j'attribue les grâces que le Dieu de miséricorde répand sur elle, soit le bien qu'il nous procure. »

Nos pères savaient, en effet, que tous les biens nous viennent de Dieu. L'agriculteur du Laurens écrit sur son livre de comptes :

« Compte des brebis que Dieu nous a données. »

Un autre, qui plante une vigne, demande à Dieu qu'il lui laisse le temps de boire de son vin.

Un troisième recommande à ses enfants de ne pas ressembler « aux bêtes brutes qui mangent les fruits des arbres sans lever les yeux en haut pour voir les arbres dont ils tombent. »

1. Et même *quinze mille!*

Aujourd'hui, au contraire, les maîtres provisoires d'un grand peuple lui conseillent de ressembler aux bêtes brutes et de ne pas lever les yeux vers les étoiles « éteintes d'un geste magnifique et *qu'on ne rallumera plus* », comme si ces fantoches d'un jour étaient capables d'éteindre quoi que ce soit, — comme si leur parti était toute la France, et comme si la France (en admettant qu'elle leur appartînt tout à fait), — *comme si la France était le monde !* Elle l'est de moins en moins, grâce à eux !

Seul le catholicisme a le monde pour domaine, et c'est ce qui fait sa force indomptable. Persécuté ici, il triomphe ailleurs ! Et comme la roue de l'histoire tourne toujours, en dépit des régimes qui se croient intangibles, lorsqu'il sera persécuté ailleurs, il triomphera de nouveau ici. Contre lui, toutes les tentatives sont vaines, *et ne prévaudront jamais !* Nous en avons la promesse formelle, et nous avons une foi ardente, vivante, *active* en cette promesse !

L'avenir appartient au catholicisme et pour réaliser cet avenir nous comptons surtout sur les mères catholiques, pourvu qu'elles soient semblables à ces mères modèles qui vivaient à l'époque des livres de raison.

∴

Citons, à ce propos, d'après M. Henry Bordeaux, un passage d'une *Vie de sainte Jeanne de Chantal*, écrite au commencement du XVIIe siècle :

« Si elle régla sa famille, ainsi fit-elle de sa personne, car se voyant aux champs et dans une maison de grandes affaires et dépens, elle ne voulut pas, comme les dames mondaines, chercher nouvelle parade d'or et de soie ; mais, comme la femme forte, elle se contenta du lin et de la laine, ne faisant plus faire d'habits précieux. Les fêtes, quand il fallait paraître, elle se servait des siens de fille et de ceux de ses noces. Hors de là, elle ne portait que du camelot et de l'étamine, et cela avec tant de propreté, de grâce et de bienséance, qu'elle paraissait cent fois plus que plusieurs autres qui ruinaient leur maison pour porter des attifets. »

§ 2.

Je crois avoir démontré toute l'ampleur de la mission providentielle de la mère, et la grandeur incommensurable du rôle qu'elle est appelée à jouer non seulement vis-à-vis de ses enfants, mais aussi vis-à-vis de la société et de l'humanité tout entière.

Par le seul fait qu'elle tient dans ses mains les destinées de ses enfants, elle exerce une action prépondérante sur le sort de ses enfants et sur celui des familles qu'ils fonderont à leur tour.

Or, de quoi sont faites les sociétés humaines, sinon d'un ensemble de familles? Par conséquent, tant vaudront les familles, tant vaudront les sociétés qui en seront formées.

C'est bien en raison de ce fait, que la famille est l'unité primordiale des sociétés humaines, que les destructeurs acharnés contre l'ordre social ont fait et font encore tous leurs efforts pour désagréger la famille.

C'est contre l'unité et la perpétuité de la famille que sont dirigées toutes les lois néfastes, issues de l'incohérence d'esprit et de moralité — née des doctrines matérialistes modernes.

On s'est attaché à donner au mariage civil, — simple formalité légale, — plus d'importance qu'au mariage religieux, sacrement institué par Notre Seigneur Jésus-Christ, pour consacrer et sanctifier l'union *indissoluble* de l'homme et de la femme.

On a voulu que le mariage civil précédât le mariage religieux, et cette ridicule prétention a survécu à l'abrogation du concordat, bien qu'elle dût, par ce fait même, cesser d'être obligatoire.

On a légitimé le divorce, qui, par sa seule possibilité, donne au mariage une fragilité enlevant aux époux et à la famille toute sécurité.

On préconise même aujourd'hui l'union libre, temporaire, une sorte de bail de location de la femme par l'homme, résiliable à volonté.

On a porté d'autres atteintes à l'organisation divine et naturelle de la famille, en réduisant, par une série de mesures législatives, l'autorité maritale et l'autorité paternelle. C'est ainsi qu'on a supprimé la liberté de tester, afin d'empêcher la transmission intégrale à l'aîné du domaine familial, et de détruire du même coup les vieilles traditions de la famille, sa force et sa richesse. On a émietté les fortunes au profit de l'État et des rêves démagogiques.

Aujourd'hui on prétend que les enfants sont à l'État, et que l'État — c'est-à-dire la bande qui s'est emparée provisoirement du pouvoir — a le droit d'en disposer, de leur apprendre ce qui lui plaît, de détruire leur religion, leur moralité, et d'en faire, avant tout, des *électeurs républicains !*

Tout ce que l'on a fait depuis cent vingt ans, date du triomphe des forces de désordre sur les forces d'ordre, n'a tendu qu'à ce but : anéantir *la cohésion de la famille,* — c'est-à-dire la principale force d'ordre susceptible de vaincre tôt ou tard les forces adverses et de rétablir la suprématie du bon sens, de la vérité et de la vertu sur les folies, les mensonges et l'amoralisme des déséquilibrés qui sont momentanément dominants.

∴

Eh bien ! C'est aux mères qu'il appartient de *restaurer la famille.* Elles sont, moins que les hommes, accessibles à la phraséologie creuse des sophistes, et leur bon sens pratique leur fait voir de près les réalités de la vie.

Elles se rendent très bien compte que toutes les théories sociales, issues des conceptions modernes sont du verbiage de tréteaux, et qu'avec de grands mots, ne correspondant à rien d'objectif, de vulgaires charlatans abusent et exploitent les esprits faibles.

La politique est devenue le débouché de tous les aventuriers, de tous les ratés, de tous les déclassés, qui, aux siècles précédents, — avec plus de peine, de dangers et de mérite, — se faisaient *conquistadores* ou *condottieri*.

Les *condottieri* actuels sont de simples fumistes, dénués de scrupules, qui se gardent bien d'exposer leur précieuse peau, mais qui, en faisant aux faibles d'esprit des promesses mirifiques, obtiennent leurs voix, et retirent tout le bénéfice de l'opération.

Les femmes voient bien mieux que les hommes à quoi tendent ces promesses. Elles devinent que c'est un simple appât pour faire mordre à l'hameçon, et elles sont défiantes.

C'est pourquoi nous comptons sur elles pour éclairer leurs maris et leurs enfants.

Pourquoi cherche-t-on à arracher Dieu de l'âme des enfants? C'est parce que c'est le plus sûr moyen de pouvoir ensuite arracher les enfants à leurs mères. Sans religion et sans morale religieuse, uniquement imbus de cette morale civique qui proclame la suprématie absolue du Dieu-État, au détriment de l'autorité paternelle et maternelle, ils seront facilement persuadés que c'est à l'État qu'ils doivent tout, et que la mère est *une simple dépositaire* chargée de leur entretien matériel.

Non! non! mères! Ce n'est pas l'État qui vous a confié ce dépôt sacré! C'est Dieu lui-même! Ce n'est pas seulement de l'entretien matériel de l'enfant que vous avez la responsabilité, mais de sa formation religieuse, morale, intellectuelle.

L'État, lorsqu'il se dresse, dans l'arrogance de sa force temporaire, entre vous et vos enfants, est une sorte de chasseur d'esclaves qui cherche des rameurs pour ses galères désemparées. Il ne peut vivre que des suffrages qui sont favorables à ses représentants, et il a besoin de préparer, de truquer ces suffrages en mettant la main sur l'âme de vos enfants, futurs électeurs.

Voilà la tentative qu'il s'agit de déjouer. Il importe que les enfants restent à Dieu et à leurs mères. Il importe qu'ils soient des esprits élevés, instruits, conformément aux traditions de la famille, de la patrie, de la glorieuse histoire de la France, avant le triomphe des forces de désordre.

*
* *

Cette tentative, je suis sûr que vous la déjouerez.

J'en suis sûr, parce que l'amour maternel est une force d'ordre, une force naturelle, que les néfastes lois humaines dirigées contre la famille sont impuissantes à détruire.

Et je n'hésite pas à reprendre pour mon compte cette phrase d'Aimé Martin [1].

« J'ai appelé les mères de famille à la moralisation de la famille et du pays. Leur véritable mission est le développement religieux de l'enfance et de la jeunesse. C'est sur l'amour maternel que repose l'avenir du genre humain : ne repoussez pas cette puissance. Si faible qu'elle vous paraisse, son action est invincible : *elle est destinée à produire la plus grande révolution qui se soit encore vue sur le globe.*

1. Ouvrage déjà cité, page IV.

« Vous le savez, l'armée du Christ se composa d'abord de quelques femmes et de quelques pauvres pêcheurs; un jour, le fils de Marie y appela les petits enfants, et c'est avec ces pêcheurs, ces femmes et ces petits enfants qu'il a conquis le monde. »

∴

Les catholiques peuvent envisager l'avenir avec confiance, et cela, pour plusieurs raisons, qu'il importe de faire ressortir à tous les yeux.

En premier lieu, ils sont en possession de la *vérité religieuse*. Leurs yeux ne sont pas obscurcis par les sophismes, et ils voient clairement où ils doivent aller, comment ils doivent se conduire, pour être heureux dans ce monde et dans l'autre.

Mais ce n'est pas tout! Les clartés de la religion sont même utiles à leurs connaissances scientifiques ou professionnelles. Pour peu que l'on ait quelque pratique de la vie, on ne tarde pas à s'apercevoir que les catholiques, dans toutes les situations, possèdent une supériorité évidente.

Ces prétendus « esprits d'obscurantisme » emplissent les chaires de science, de littérature et d'érudition, sont en majorité dans les sociétés savantes, et il n'est pas d'humble localité où l'on ne trouve (souvent c'est le curé) un naturaliste ou un archéologue catholique, — alors que l'instituteur officiel se borne à être un politicien sans grande envergure intellectuelle.

Les ingénieurs, les médecins, les avocats catholiques sont en aussi grand nombre que « les autres », et ce ne sont pas ceux qui ont le moins de talent.

Dans la littérature, les auteurs catholiques occupent une place que ne peuvent leur disputer les sectaires, les pseudo-historiens de la *Vie de Jeanne d'Arc*, et les pornographes, — même ceux qu'on panthéonise.

Dans les affaires, dans l'agriculture, l'industrie, le commerce, la finance, que d'entreprises florissantes ont à leur tête des catholiques qui révèlent, par leur succès, leur supériorité.

En second lieu, les catholiques ont la *supériorité morale*... Ce ne sont pas les morales laïques et civiques des Lévy Bruhl et consorts, ni même la morale de la solidarité de M. Léon Bourgeois, qui peuvent, comme la morale religieuse, donner à l'homme le plein développement de toutes les forces et de toutes les beautés de son âme.

Les vertus civiques sont des aéroplanes qui manquent d'air.

Seul, le souffle religieux est capable de faire vibrer les fibres profondes de l'âme humaine, et en l'élevant vers Dieu, de l'élever vers la vertu.

Ce qui me fait agir, ce n'est pas le manuel scolaire qui m'a assuré que les hommes sont frères, *comme Caïn fut le frère d'Abel !* Ce qui me fait agir, c'est la voix profonde de ma conscience (une des étoiles supprimées par le Viviani), qui me dit : « Ceci est bien ! Ceci est mal ! »

Ce qui me fait agir, c'est cette morale divine de la solidarité, prêchée par Jésus-Christ deux mille ans avant l'apparition du livre de M. Léon Bourgeois : « Ne fais pas à autrui, ce que tu ne voudrais pas que l'on te fasse. »

Ce qui me fait agir enfin, *c'est la tradition séculaire de l'humanité*, qui a proclamé, depuis les temps les plus lointains dont l'écho soit parvenu jusqu'à nous, qu'il y a, au-dessus de toutes les vicissitudes humaines, des principes éternels que tout homme doit respecter, *et que ceux qui ne les respectent pas sont des bandits !*

L'histoire est là pour démontrer que ces bandits sans scrupules deviennent des *maudits*, — des maudits de l'humanité, à coup sûr ! — des maudits de Dieu, peut-être !

*
* *

Les catholiques ont aussi la supériorité matérielle. J'ai fait le calcul. Ce sont eux qui ont le plus d'argent, qui possèdent le plus de biens.

C'est facile à comprendre. Dieu bénit leurs entreprises. D'autre part, ils sont certainement les plus intelligents, les plus habiles à se tirer d'affaires. Enfin leurs qualités morales les mettent à l'abri des désordres, ou même simplement des dépenses de luxe qui sont si nuisibles à tant de fortunes.

Presque tous les catholiques vraiment pratiquants ne vont pas au théâtre. C'est un impôt de moins prélevé sur leur bourse.

La plupart d'entre eux, ne vont pas au café, ou observent une rigoureuse abstinence vis-à-vis de l'alcool et du tabac. C'est une économie, et c'est aussi une recette de moins pour un gouvernement qui leur est hostile.

En règle générale, le catholique dépense beaucoup moins pour ses plaisirs que l'incroyant, et consacre l'argent ainsi épargné, au culte, aux œuvres de propagande et aux œuvres de bienfaisance.

Cela est vrai aussi de l'ouvrier catholique. Celui-ci, très clairvoyant, ne se laisse pas leurrer par les boniments qui aigrissent les ouvriers non catholiques.

Il fonde un intérieur : il s'y tient. Il fréquente peu ou pas du tout le cabaret, le bal musette, le concert, et autres lieux de plaisirs, plus dégradants encore, où se plaît l'ouvrier incroyant. Cela lui permet de faire des économies, d'avoir tôt ou tard une maison à lui, d'augmenter son bien-être, d'élever ses enfants et de les mettre en mesure de lutter victorieusement pour la vie.

.·.

Il y a plus de solidarité entre les catholiques qu'entre les incroyants et la raison en est palpable.

La solidarité des incroyants est *construite avec leurs haines*. Ils ne s'associent que par *haine de classe*, pour lutter contre le patron au lieu de s'entendre avec lui à l'amiable.

Ou bien, ils s'associent dans des loges ou des cercles de libres penseurs, par *haine du catholicisme*.

Tous ces haïsseurs, — profondément haïssables, — *sont des loups qui chassent en bandes.*

La solidarité des catholiques est faite de leur commune foi, — de leur amour en Notre-Seigneur Jésus-Christ, et *du besoin de se défendre contre les loups qui chassent en bandes !*

Dans les steppes de la mer Caspienne, il y a des troupeaux de chevaux sauvages. Parfois ils sont attaqués par des bandes de loups. Alors les chevaux se mettent en cercle, tête contre tête, enfermant à l'intérieur du cercle les poulains incapables de se défendre. Ils opposent aux loups leurs robustes sabots, et par de vigoureuses ruades mettent les mâchoires des loups en capilotade.

Catholiques ! si les loups s'en prennent à vos poulains, faites de même, et ruez ferme sur les mâchoires !

*
* *

Enfin, et en dépit des affirmations intéressées de leurs adversaires, les catholiques sont les plus nombreux et les plus forts. Seulement ils ne savent se servir ni de leur nombre ni de leur force... Cela viendra, espérons-le, — surtout si vous vous en mêlez, mères de famille !

J'ouvre une parenthèse.

En comparant la natalité en France et en Allemagne, on a pu dire qu'un jour *les dix fils pauvres de l'Allemand viendront dépouiller le riche fils unique du Français.*

La phrase est applicable, à l'intérieur même de nos frontières.

L'incroyant, du fait de son incroyance, a peu ou pas d'enfants.

Les catholiques ont, au contraire, beaucoup d'enfants.

Ceci n'est pas une fantaisie. La population augmente dans les pays de foi, — elle diminue, au contraire, dans les milieux incroyants ou indifférents. [1]

Eh bien ! Il y a là un gage de notre victoire prochaine.

Que les catholiques continuent à suivre les saines traditions de la religion, de la morale et de la famille, — et surtout qu'ils ne laissent pas faire de leurs enfants des électeurs incroyants. Qu'ils en fassent des catholiques convaincus. Nous venons d'énumérer tous les avantages qui s'attachent à la conservation de leur foi.

Dans ces conditions, *laissons faire le temps !*

Je ne me rappelle plus que cette fin d'un chant de guerre catholique, que j'ai entendu avec allégresse :

. . . .

. . . Et nous deviendrons les plus forts,
Tôt ou tard !
Beaucoup d'enfants! bon catholique!
Pour qu'ils chassent à coups de trique,
Le fils unique
Du blocard !

Mères ! On compte sur vous !

1. Un fait d'hier : Le pays basque est un de ceux qui a le mieux conservé ses traditions religieuses, et avec elles ses mœurs saines. Aussi la natalité y est-elle très forte.

Dans l'arrondissement de Mauléon, il y a eu 1.591 naissances contre 1.067 décès, soit un excédent de 524 naissances. Bayonne enregistre aussi un excédent de 411 naissances. Par contre, à Pau, pays plus perméable à la corruption moderne, les naissances sont inférieures de 347 aux décès.

Honneur aux vaillantes populations basques, qui ne se laissent pas contaminer par le vice ambiant !

TABLE DES MATIÈRES

4-413 AVIGNON, IMP. AUBANEL FR

Paillettes d'Or.

Opuscules et Feuilles de propagande.

Paillettes d'Or. *Cueillette de petits Conseils pour la Sanctification et le Bonheur de la Vie.* — Publication honorée de plusieurs Brefs de Sa Sainteté, et paraissant tous les quatre mois, par 10 fascicules de 16 pages, avec l'Approbation de l'Autorité Ecclésiastique. (47e année). L'abonnement commence au mois de Janvier. On peut s'abonner durant toute l'année et on reçoit les livraisons déjà parues depuis le 1er Janvier.

Éditions : française, espagnole, italienne, portugaise.

PRIX DE L'ABONNEMENT ANNUEL POUR CHAQUE ÉDITION.

10 fascicules de 16 pages envoyés tous les 4 mois, par la poste. . . . . . . 2 fr.

Chaque dizaine, en sus, par la poste. . 1 fr. 75 par an.

Tous les trois ans, les *Paillettes* sont réunies en un joli volume in-18, d'environ 144 p. Broché. . » 60

QUINZE SÉRIES DIFFÉRENTES

Chaque série des « Paillettes » se vend séparément.

Broché. . . . . » 60

» Couverture illustrée, papier fort . . . . » 70

Vous devez comprendre Notre joie en recevant l'hommage de ces trois volumes renfermant les *Paillettes* publiées depuis 1868 jusqu'à ce jour, dans lesquels se trouvent des conseils utiles à la formation de l'âme chrétienne. Aussi, Nous vous félicitons, vous, qui suivant les traditions de votre famille, répandez à profusion des écrits religieux si utiles à la cause de l'Eglise.

Pius PP. X

Paillettes d'Or. *Recueil complet en 3 Tomes.* EDITION ORDINAIRE. Ouvrage honoré de la Bénédiction et d'un Bref de Sa Sainteté Pie X.

TOME PREMIER	TOME DEUXIÈME
Recueil	*Recueil*
des années 1868-1882	*des années 1883-1897*

TOME TROISIÈME. — *Recueil des années 1898-1912*

CHACUN DE CES TOMES SE VEND SÉPARÉMENT :

Broché	3 »»
Reliure percaline anglaise, plaque spéciale	3 60
Même reliure, ornements dorés, tranche jaspée	3 85

Paillettes d'Or. *Recueil complet en 4 tomes.* EDITION DE LUXE. Illustrations de A. Bassan Gravure de A. Paris — Ouvrage honoré de la Bénédiction et d'un Bref de Sa Sainteté Pie X.

TOME PREMIER	TOME TROISIÈME
Un beau volume in-16 raisin de VIII-556 pages.	Un beau volume in-16 raisin de VIII-681 pages.
TOME DEUXIÈME	**TOME QUATRIÈME**
Un beau volume in-16 raisin de VIII-658 pages	Un beau volume in-16 raisin de VIII-664 pages

CHACUN DE CES TOMES SE VEND SÉPARÉMENT :

Broché	4 75
Reliure pleine percaline, tranche blanche	6 75

Traductions en toutes langues. Demander nos prospectus.

Petit Directoire, pour les visites au T.-S. Sacrement. — 4 pages in-18.

Un Quart-d'Heure devant le Saint Sacrement. — 4 pages in-18.

Le Notre Père de l'âme qui vient de communier.

La douzaine. .	» 25	Le mille. . . .	7 50
Le cent	1 15	Les trois mille.	20 »»
Les cinq cents.	4 50	Les cinq mille.	30 »»

Au pied de l'Autel. Extrait du *Livre de Piété de la Jeune Fille.* Par l'Auteur des PAILLETTES D'OR. (190me édition). — Opuscule in-32 de 32 pages.

Broché . . . . » 10

Notice sur les indulgences *en faveur de ceux qui portent le* « SCAPULAIRE BLEU ». — 4 pages in-18.

Prière du Vénérable Curé d'Ars, pour demander à Dieu d'être préservé des peines du Purgatoire. — 4 pages in-18.

Prière universelle au Cœur de Jésus.

Prière de Sa Sainteté Pie X pour le cinquantenaire de l'Immaculée Conception.

Confrérie de l'Amabilité.

Mémorial des Enfants de Marie.

Souvenir de ma Retraite.

En faveur de Jésus-Christ dans la Sainte Eucharistie.

Mission d'une Mère.

O Marie, je veux rester pur.

L'Éternité.

La douzaine. .	» 25	Le mille. . . .	7 50
Le cent	1 15	Les trois mille.	20 »»
Les cinq cents.	4 50	Les cinq mille.	30 »»

Ouvrages pour les Jeunes Filles.

Le Livre de Piété de la Jeune Fille, *au Pensionnat et dans sa Famille.* Par l'Auteur des « Paillettes d'Or ». Ouvrage honoré de la Bénédiction et de plusieurs Brefs de Sa Sainteté. Illustrations originales de Paul Avril, gravées par Pannemaker.

Édition de Luxe.

Un beau volume in-16 raisin de 888 pages.

N° 9.	Reliure percaline de choix, dorure avec fers spéciaux, tranche rouge. Reliure pratique, élégante et sans luxe, *franco*	6 »»
N° 45.	Reliure chagrin poli uni, dos Bradel, gardes chromo, tranche dorée.	16 »»

Autres reliures jusqu'à 100 francs. — Demander le Catalogue spécial.

MÊME OUVRAGE. — Édition ordinaire.

566e Édition. — Un beau volume in-18 de 850 pages.

Reliure percaline anglaise, tranche jaspée.	3 25
» » » » rouge ou dorée.	4 »»
» simili basane gauffrée, tranche dorée. . . .	4 10
Reliure mouton chagriné, monogramme à froid, tranche dorée	4 75
Reliure chagrin 2e choix, tranche rouge ou dorée. .	5 75
» » 1er choix, tranche dorée	6 »»

Traductions en espagnol et italien. — Mêmes prix.

Ouvrages faisant suite au « Livre de Piété de la Jeune Fille »

La Vie au Pensionnat. Complément du *Livre de Piété de la Jeune Fille.* Par l'Auteur des « Paillettes d'Or ». — Ouvrage approuvé par plusieurs Archevêques et Évêques. — Nouvelle édition, revue et augmentée.

Un beau volume in-16 raisin de XXXVIII-306 pages.

Broché.	2 50
Reliure pleine percaline, tranche rouge.	4 »»

La Vie après le Pensionnat. Complément de la *Vie au Pensionnat.* Par l'Auteur des « Paillettes d'Or ». — Ouvrage approuvé par S. G. Mgr l'Archevêque d'Avignon. Nouvelle édition, revue et augmentée

PREMIÈRE PARTIE : **La Jeune Fille et la Famille.**

DEUXIÈME PARTIE : **La Jeune Fille et la Paroisse.**

Un beau volume in-16 raisin de XXII-556 pages.

Broché . . . . 2 »»
Reliure pleine percaline, tranche rouge. 3 75

La Vie après le Pensionnat. Complément de la *Vie au Pensionnat.* Par l'Auteur des « Paillettes d'Or ».

TROISIÈME PARTIE : **La Jeune Fille et le Monde**

Un beau volume in-16 raisin de XVI-224 pages.

Broché . . . . 2 »»
Reliure pleine percaline, tranche rouge. 3 75

La Vie après le Pensionnat. Complément de la *Vie au Pensionnat.* Par l'Auteur des « Paillettes d'Or ». — 9e édition.

QUATRIÈME PARTIE : **La Jeune Fille et l'Avenir.**

Un beau volume in-16 raisin de XII-430 pages.

Broché. 2 50
Reliure pleine percaline, tranche rouge . . . . 4 »»

Le Livre de la Jeune Fille en Vacances. Complément du *Livre de Piété de la Jeune Fille.* Par l'Auteur des « Paillettes d'Or ». — Ouvrage approuvé par plusieurs Cardinaux, Archevêques et Évêques. — 20e édition.

Un joli volume in-18 de 400 pages.

Broché. 1 50
Reliure basane gauffrée, tranche marbrée . . . 2 10
« » » » dorée. 2 25
» chagrin 1er choix, tranche dorée. . . . . 5 »»

Les Petites Vertus et les Petits Défauts de la Jeune Fille. *Au Pensionnat et dans sa Famille.* Par l'Auteur des « Paillettes d'Or ». — Ouvrage approuvé par S. G. Mgr l'Archevêque d'Avignon et S. G. Mgr l'Evêque de Fréjus et Toulon. — 46e édition.

Un joli volume in-18 de 166 pages.

Broché. . . . . » 70

La Science du Ménage. *Complément de l'éducation de la Jeune Fille au Pensionnat et dans sa Famille.* Par l'auteur des « Paillettes d'Or ». — Ouvrage approuvé par S. G. Mgr l'Archevêque d'Avignon et S. G. Mgr l'Évêque de Fréjus et Toulon. — 22e édition.

Un joli volume in-18 de 155 pages.

Broché. . . . . » 70

Théologie. — Doctrine catholique.

Sommaire de la Doctrine catholique, *en Tableaux synoptiques pour servir aux Instructions paroissiales et aux Catéchismes de persévérance.* Par l'auteur des « Paillettes d'Or ». — Ouvrage honoré d'un Bref de Sa Sainteté et approuvé par plusieurs Cardinaux, Archevêques et Évêques.

PREMIÈRE PARTIE : *I. Les Commandements de Dieu et de l'Eglise. — II. Les Conseils évangéliques. — III. La Conscience. — IV. Le Péché.*

16e ÉDITION.

Un beau volume grand in-16 de XVI-224 pages.

Broché 2 50
Reliure pleine percaline, tranche rouge. 3 50

DEUXIÈME PARTIE : *Le Symbole des Apôtres.*

13e ÉDITION.

Un beau volume grand in-16 de XII-416 pages

Broché 4 50
Reliure pleine percaline, tranche rouge. 5 50

TROISIÈME PARTIE : *La Grâce, la Priere, les Sacrements.*

16e ÉDITION.

Un beau volume grand in-16 de XII-572 pages.

Broché . . . . 6 »»
Reliure pleine percaline, tranche rouge . . . . 7 »»

Nous sommes heureux de reproduire ici le Bref que Sa Sainteté Léon XIII a daigné accorder à notre Maison au sujet du Sommaire de la Doctrine Catholique :

A vous, cher fils, salut et bénédiction apostolique.

C'est pour Nous joie et consolation de voir que vous vous efforcez de marcher sur les traces de votre père et de votre oncle dans leurs efforts pour soutenir la vertu et la religion. Comme ils l'avaient fait déjà eux-mêmes plusieurs fois avec empressement et avec bonheur, vous Nous montrez votre dévouement en nous offrant le *Sommaire de la Doctrine Catholique*, imprimé par vos soins. Soyez certain, cher fils, que Nous sommes reconnaissant de cet hommage qui Nous a été si agréable, comme nous le fûmes pour les vôtres; Et Nous vous louons de ce que, au milieu de ce dévergondage du mal, vous vous efforcez de répandre et de vulgariser les ouvrages utiles aux âmes; c'est bien là le véritable amour de la patrie. — En même temps que vous, Nous voulons comprendre dans nos éloges celui qui a composé l'ouvrage que vous Nous avez offert et qu'il a rédigé avec un soin et un zèle qui le rendent grandement utile aux âmes.

Que sur l'auteur et l'éditeur, viennent donc avec abondance les secours divins que par Notre bénédiction Apostolique Nous demandons pour vous avec une affection toute paternelle.

Donné à Rome, près Saint-Pierre, le 2 avril de l'an 1893, de Notre Pontificat le 16e.

P. P. LEO XIII.

Après le Catéchisme. *Cours d'instruction religieuse spécialement rédigé pour les élèves du Cours supérieur dans les Maisons d'éducation.* Par l'Auteur des « Paillettes d'Or ». — Ouvrage approuvé par S. G. Mgr l'Archevêque d'Avignon; S. G. Mgr l'Archevêque de Cambrai et S. G. Mgr l'Archevêque d'Aix.

PREMIÈRE PARTIE : *Vérités fondamentales de la Religion.*

11e ÉDITION.

Revue et augmentée de 60 Sujets et Plans de Rédaction.

Un beau volume in-18 de XII-549 pages.

Broché . . . . 2 »»
Cartonné 2 25

Après le Catéchisme. *Cours d'instruction religieuse spécialement rédigé pour les élèves du Cours supérieur dans les Maisons d'éducation.* Par l'auteur des « Paillettes d'Or ». — Ouvrage approuvé par S. G. Mgr l'Archevêque de Cambrai et S. G. Mgr l'Archevêque d'Aix.

DEUXIÈME PARTIE : *Réponses à quelques accusations contre la Religion.*

6e ÉDITION

Un beau volume in-18 de XXIV-470 pages.

Broché. . . . . 2 »»

Cartonné. 2 25

Le Questionnaire de cet ouvrage formant une brochure in-18 de 64 pages, se vend séparément.

Broché . . . . » 25

Le Credo expliqué *ou Exposition de la Doctrine catholique d'après les Symboles de la Foi et les Constitutions et Définitions de l'Eglise.* Par le R. P. Arthur Devine, Passionniste. — Ouvrage traduit de l'anglais, avec l'autorisation de l'Auteur, par l'abbé C. Maillet, ancien professeur d'anglais. Approuvé par S. G. Mgr Luçon, évêque de Belley.

Un très beau volume in-16 jésus de XLVIII-672 pages.

Broché . . . . 5 »»

Reliure pleine percaline, tranche jaspée 6 50

Les Commandements expliqués. *D'après la Doctrine et les Enseignements de l'Eglise catholique.* Par le R. P. Arthur Devine, Passionniste. — Ouvrage traduit de l'anglais, par l'abbé C. Maillet. Approuvé par S. G. Mgr Luçon, évêque de Belley.

Un très beau volume in-16 jésus de XLVIII-702 pages.

Broché. . . . . 5 »»

Reliure pleine percaline, tranche jaspée 6 50

Les Sacrements expliqués. *D'après la Doctrine et les Enseignements de l'Eglise catholique.* Par le R. P. Arthur Devine, Passionniste. — Ouvrage traduit de l'anglais par l'abbé C. Maillet. Approuvé par S. G. Mgr Luçon, évêque de Belley.

Un très beau volume in-16 jésus de LII-660 pages.

Broché . . . . 5 »»
Reliure pleine percaline, tranche jaspée. . . . 6 50

Manuel de Théologie ascétique, *ou la Vie surnaturelle de l'Ame sur la Terre et dans le Ciel.* Par le R. P. Arthur Devine, Passionniste. — Ouvrage traduit de l'anglais par l'abbé C. Maillet. Approuvé par S. G. Mgr Luçon, évêque de Belley.

Un beau volume in-16 jésus de XXXII-720 pages.

Broché . . . . 5 »»
Reliure pleine percaline, tranche jaspée 6 50

Manuel de Théologie mystique *ou les grâces extraordinaires de la vie surnaturelle expliquées.* Par le R. P. Arthur Devine, Passionniste. — Ouvrage traduit de l'anglais par l'abbé C. Maillet.

Un beau volume in-16 Jésus de XXIV-738 pages.

Broché. . . . . 5 »»
Reliure pleine percaline, tranche jaspée. . . . 6 50

L'Ordinaire de la Messe, *expliqué au point de vue de l'Histoire, de la Liturgie et de l'Exégèse.* Par le R. P. Arthur Devine, Passionniste, traduit de l'anglais par l'abbé C. Maillet.

Un beau volume in-16 jésus de XVI-356 pages.

Broché. . . . . 4 »»
Reliure pleine percaline, tranche jaspée 5 50

Le Sacerdoce Éternel. Par S. E. le Cardinal Manning, Archevêque de Westminster. Ouvrage traduit de l'anglais par l'abbé C. Maillet. — Un très beau volume in-16 jésus de 327 pages; impression de luxe, avec têtes de chapitres, lettrines, vignettes, sur beau papier teinté. Couverture artistique, impression rouge et noir, sur papier nid d'abeilles.

Broché . . . . 3 fr »

Le Péché et ses Conséquences. Par S. E. le Cardinal Manning, Archevêque de Westminster. Ouvrage traduit de l'anglais par l'abbé C. Maillet — Un très beau volume in-16 jésus de 252 pages; impression de luxe avec têtes de chapitres, lettrines, vignettes, sur beau papier teinté.

Broché . . . . 3 »»

Le Saint-Sacrifice de la Messe. Par S. E. le Cardinal Vaughan, Archevêque de Westminster. Ouvrage Traduit de l'anglais, avec l'autorisation de l'Auteur, par M.-A. de Pitteurs.

Un joli volume in-18 de 112 pages.

Broché . . . . » 60

RÉCENTES PUBLICATIONS

Allons à l'Eucharistie. Petite brochure de propagande de 32 pages, par le R. P. A. Drive.

Broché . . . . » 10

Élévations Eucharistiques. *Extraites des Ecrits de la servante de Dieu, Marie Eustelle, surnommée l'Ange de l'Eucharistie.* Par l'Abbé F. Van Loo.

Un joli volume in-32 jésus de xvi-128 pages.

Broché 1 10

La Communion fréquente et quotidienne. *D'après les récents Décrets du Saint-Siège.*

Un joli volume in-18 de 232 pages.

Broché . . . . 1 »»
Reliure pleine percaline, tranche jaspée 1 50

Les Apotres à l'École de Jésus-Christ. Par l'abbé E. Gautier.

Un beau volume in-8° couronne de 300 pages.

Broché 3 50

Saint Bernard. *Maître de Vie spirituelle.* Par l'abbé G. Salvayre, docteur en théologie.

Un beau volume in-8° coquille de XVI-160 pages.

Broché 2 50

Notes de Pédagogie. *Direction et Conseils pratiques aux Institutrices chrétiennes.* Par l'auteur des « Paillettes d'Or ». — Ouvrage approuvé et recommandé par S. G. Mgr Latty, Archevêque d'Avignon.

Un joli volume in-16 raisin de XX-312 pages.

Broché 2 50
Reliure pleine percaline, tranche rouge . . . . 4 »»

La Piété Éclairée. *Directoire Spirituel pour les personnes instruites.* Par le R. P. Ramon Ruiz Amado de la Compagnie de Jésus, traduit de l'espagnol par l'abbé Gerbaud.

Un beau volume in-18 de 450 pages.

Broché 2 50

Nos Amitiés après la mort. Par l'abbé R. de Thomas de Saint-Laurent. Licencié-ès-lettre, Docteur en Théologie. — Ouvrage approuvé par S. E. le Cardinal Luçon, Archevêque de Reims; S. G. Mgr Béguinot, Évêque de Nimes; S. G. Mgr Germain, Archevêque de Toulouse; S. G. Mgr Foucault, Evêque de Carcasonne; S. G. Mgr Du Curel, Evêque de Monaco.

Un beau volume in-32 jésus de VI-94 pages.

Broché . . . . 1 »»

Manuel de préparation à la mort. *Nouvelle édition, revue, corrigée, augmentée.*

Un beau volume in-18 de VIII-330 pages.
Broché. 1 75

Les premiers pas vers le Ciel. *Instructions, réflexions et prières pour les enfants.* Par le R. P. Hopfner, de la Compagnie de Jésus, avec une lettre de Mgr Bioley, Evêque de Tarentaise.

Un beau volume in-18 de 160 pages.
Reliure façon chagrin, tranche rouge. . . . . . 1 »»
» » » » dorée. 1 50

Neuvaine en l'honneur de la Bienheureuse Jeanne d'Arc. Par l'Abbé Gerson, Curé de Villers-Semeuse, avec une lettre de S. E. le Cardinal Luçon, Archevêque de Reims.

Un beau volume in-32 jésus de 176 pages.
Broché 1 25

Manuel d'Histoire Locale. *Guide pour la rédaction des Monographies historiques.* Contenant plusieurs indications spéciales à la Provence. Par l'abbé C. Allibert, Lauréat de l'Institut de France et de l'Académie d'Aix. Avec une Préface de M. G. Fagniez, membre de l'Institut.

Un beau volume in-8° carré, de XVI-394 pages.
Broché 3 50

Vade-Meoum des Écoles et Patronages. *Saynettes, Dialogues, Monologues, Sujets divers, etc.* Par l'Abbé Duranthon.

Un beau volume in-8° carré, de 300 pages.
Broché 3 50

L'Idéal du Véritable Chrétien. *Faire connaître Dieu et le faire aimer.* Nouvelle édition considérablement augmentée. Approuvée par S. G. Mgr Villard, Evêque d'Autun et par S. G. Mgr. Gauthey, Archevêque de Besançon.

Un joli volume in-18 de XII-176 pages.
Broché 0 60

Jonchée d'Automne. Par M. Myriam.

Un beau volume in-8° couronne, de 48 pages.

Broché 0 60

Du Cœur à l'Ame. Par R. Dassise.

Un beau volume in-8° couronne de 224 pages.

Broché 3 50

UNE ENFANT DE MARIE, MODÈLE. **Vie de Virginie Vignal,** *rappelée à Dieu à l'âge de 23 ans.* Par M. l'abbé A. Dupuy.

Un joli volume in-8° couronne, de 80 pages.

Broché 0 75

Adieu, Carmel, *Poème.* Par C.-A. Bernard.

Un beau volume in-16 jésus de VI-290 pages.

Broché . . . . 4 »»

BIBLIOTHÈQUE AUBANEL FRÈRES

Chaque volume se vend séparément

Broché . . . . 3 »»

Paul COMBES.

LES QUATRE LIVRES DE LA FEMME

I. Le Livre de l'Épouse. 9e édition.

Un beau volume in-8° couronne de 208 pages.

II. Le Livre de la Maîtresse de Maison. 5e édition.

Un beau volume in-8° couronne de 188 pages.

III. Le Livre de la Mère.

Un beau volume in-8° couronne de 208 pages.

IV. Le Livre de l'Éducatrice.

Un beau volume in-8° couronne de 196 pages.

Le Problème du Bonheur.

Un beau volume in-8° couronne de 208 pages.

De ci, De là. *Légendes et Fantaisies.* Par Berthem-Bontoux. Préface de l'auteur des « Paillettes d'Or ».

Un beau volume in-8° couronne de VIII-224 pages.

Les Ravages du Livre. Par Mgr Antonin Lopez Pelaez, Evêque de Jaca (Espagne).

Un beau volume in-8° couronne de XXII-296 pages.

Le choix d'une Bibliothèque. *Guide de la Lecture.* Par Joël de Lyris.

Un beau volume in-8° couronne de 200 pages.

Le Goût en Littérature. Par Joël de Lyris.

Un beau volume in-8° couronne de 226 pages.

Le Goût en Art. *L'ART PUR : Peinture et Sculpture.* Seize Gravures d'après les Maîtres. Par Jérôme Doucet.

Un superbe volume in-8° couronne de 144 pages.

La Mémoire. *Définition. — Analyse. — Perfectionnements.* Par P. R. Germery.

Un beau volume in-8° couronne de 288 pages.

Aux Tilleuils. *ou le Cadran solaire du Manoir.* Par S.-M. Lyne. Ouvrage traduit de l'anglais par J. Reymond avec l'autorisation de la *Catholic Truth Society.*

Un beau volume in-8° couronne de VIII-204 pages

Le Problème religieux et moral. Adapté de l'allemand par l'abbé L. Douadicq.

Un beau volume in-8° couronne.

Coups de Plume et Coups de Clairon. Par René Gaëll.

Un beau volume in-8° couronne de 300 pages.

Vie de la Mère Marie de l'Enfant-Jésus. L'une des fondatrices du monastère des Clarisses de Lourdes, écrite par elle-même, selon le désir de sa famille qui l'a publiée après sa mort. Ouvrage ayant obtenu les félicitations du Saint-Père et de plusieurs Prélats Introduction par Henry Bordeaux. — 3e édition, considérablement augmentée.

Un beau volume in-8° carré de XLVIII-392 pages.

Broché . . . . 4 »»

L'envoyée. Par Roger Belmont

Un joli volume in-8° couronne de VI-68 pages.

Broché . . . . 1 »»

Le Bréviaire des Petites Mamans. Par Thérèse Mongrand.

Un joli volume in-8° couronne.

Broché . . . . 3 »»

Pourquoi je ne suis pas protestant. Par Ernest Augier.

Un beau volume in-8° couronne.

Broché . . . . 2 »»

AVIGNON. — IMP. AUBANEL FRÈRES

www.ingramcontent.com/pod-product-compliance
Ingram Content Group UK Ltd.
Pitfield, Milton Keynes, MK11 3LW, UK
UKHW020320230726
13925UKWH00002B/537

9 782013 451772